गुलिस्तॉं

काव्य संकलन

संपादन लता तेजेश्वर रेणुका

pencil

ISBN 978-93-5438-811-8

© संपादन लता तेजेश्वर रेणुका 2021

Published in India 2021 by Pencil

A brand of

One Point Six Technologies Pvt. Ltd.

123, Building J2, Shram Seva Premises,

Wadala Truck Terminal, Wadala (E)

Mumbai 400037, Maharashtra, INDIA

E connect@thepencilapp.com

W www.thepencilapp.com

Author biography

गुलिस्ताँ मेरे संपादन में दूसरा संकलन है। इस संकलन में 25 प्रतिष्ठित लेखक लेखिकाएँ अपनी रचनाएँ भेजी हैं जिन्हें 21 भाषाओं में लिखी गई है। इस संकलन का खासियत है भारत की भाषाओं को लिपिओं समेत एक जगह देना। यह संकलन कई भाषाओं का सम्मलेन है। जैसे एक गुलदस्ते में कई तरह के फूल सम्मिलित रहते हैं वैसे ही यह भारतीय भाषाओं और लिपियों का गुलदस्ता है। इस संकलन की सूची में सभी प्रतिष्ठित लेखक लेखिकाओं का नाम दर्ज है जिन्होंने अपनी स्वरचित रचनाएँ भेज कर इस संकलन का मान बढ़ाया है।

- श्रीमती लता तेजेश्वर 'रेणुका' -

CONTENTS

काव्य संकलन

काव्य संकलन - गुलिस्ताँ

(कुल 21 भाषाओं की कविताओं का संकलन)

भाषा : ओड़िआ, तेलुगु, हिंदी, अंग्रेजी, मराठी, उर्दू, संस्कृत, गुजराती, उत्तराखंडी, कन्नड़, अवधि, बज्जिका, कुमाउँनी, पंजाबी, हरयाणवी, राजस्थानी, बांग्ला, सिंधी, भोजपुरी, संथाली, संबलपुरी

संपादक :श्रीमती लता तेजेश्वर 'रेणुका'

1st Edition: 1st jan 2020

Disclaimer : इस किताब की सभी रचनाएँ दर्शाए गए लेखक लेखिकाओं के अपने विचार और स्वलिखीत बताई गयी हैं। इन कविताओं से संबंधित कोई भी कानूनी विवाद होती है तो उसकी पूरी जिम्मेदारी संबंधित रचनाकार की होगी। प्रकाशक या संपादक का इसमें कोई हस्तक्षेप नहीं होगा।

स्थान : नवीन पनवेल, नवी मुंबई, महाराष्ट्र

संपर्क : renuka_2803@yahoo.com,

मोबाइल : 9004762999

प्रकाशन : Thepencilapp.com

गुलिस्ताँ एक अनूठी पेशकश

'गुलिस्ताँ' एक अनूठी पेशकश

* *

श्रीमती लता तेजेश्वर 'रेणुका' जी का साहित्य जगत के लिए अनुपम अप्रतिम उपहार है। विभिन्न भाषाओं के हीरे, मोती को गूँथ कर सुंदर माला बनाई गई है इन मनको की चमक को आँखें हैरत से देखती हैं। हिंदी साहित्य को आकाशगंगा के चमकते तारे कवयित्री परमिता षडंगी, मैलयी कमिला, डॉ प्रमिला शर्मा, मधुश्री देशपांडे गानु, कवि मोतीलाल मेनारिया जी ने चार चाँद लगा दिए। आ गंगाप्रसाद शर्मा जी के दोहे, नूरसब्बा शायान जीके गज़लें, लता जी की हिंदी और अन्य कविताएँ बहुत ही उम्दा सहित्य है। घर परिवार के समस्त कर्तव्यों को निर्वाहन करते हुए कविताओं के समसामयिकता को जीवन्त रखना, समय निकालना किसी भी महिला रचनाकार के लिए चुनौतीपूर्ण है। लेकिन हमारी बहुत सारी कवियित्रियो ने ऐसी कई कठिन चुनैतियो का सामना सफलतापूर्वक किया है।

'गुलिस्ताँ' की कविताएँ, गीत, गज़लें आदि विचारोत्तेजक, धारदार और मार्मिक हैं । मज़े की बात यह है कि उत्तेजना, आंदोलन, धार, मार्मिकता - सब कुछ बहुत सहज, आसान और अनायास सा, न शब्दों का आडंबर ना भाषा की कारीगरी न चमत्कार की चेस्टा। इस संकलन की कविताएँ साबित करती है कि सच और सादगी का प्रभाव ही सर्वोपरि है, सरलता का कोई काट नहीं।

आद परमिता जी की 'लिखनी थी' को उम्दा से 'जिस रास में रहस्य नहीं वह कविता नहीं.... भगिना है राग में अनुराग में, ... सुंदर उपमा की गई है। यशोधरा की .... बौने दिखाई देते हैं। दूसरी कविता इतिहास इसमें किसी एक दुर्ग वह भी गर्वित... कालांतर में उसकी दशा का सटीक वर्णन किया गया है। बहुत सुंदर सा चमत्कार "ओस को... अपनी लज्जा समेटने लगी". तोड़ना या गढ़ना ही इतिहास नहीं बल्कि शब्दों के पीछे के मर्म को तलाशना ही कवयित्री का मुख्य ध्येय रहा है। आद मोतीलाल दास जी की कविताएँ नारी मन को प्रतिविम्बित करती है। कविता 'लेख एक लड़की का' में लड़की

नारी के अंदर चलते उफनते भावों के सुंदरता के साथ शब्दों की लचयों में पिरोया है।अलिखित कविताओं में कवि मन कहता है मेरे मन को गौर से पढ़ना उसमें अनगिनत उमंगे-तरंगे मिलेंगी। यदि तुम समझ न पाए तो सिर्फ देह की सुंदरता में उलझ जाओगे। इनकी कविताएँ सहृदय पाठकों के सामने दैनंदिन जीवन की कितनी ही अवरुद्ध भावनाओं को उद्घाटित करती है। प्रश्न पूछती है और कितने ही अनुत्तरित प्रश्नों के उत्तर ढूँढने को उकसाती है।

आद डॉ गंगाप्रसाद गुणशेखर जी के अवधि भाषा मे दोहे एक से बढ़कर एक हैं। नामचीन गुणशेखर जी के बारे में लिखना कहना सूर्य को दीपक दिखाने के समान है। डॉ प्रमिला शर्मा जी की संस्कृत भाषा के कविताएँ अति उत्तम हैं, आप हिंदी और भोजपुरी में भी समान रूप से लिख रहीं हैं। हास्यव्यंग्य कवयित्री सभी कलाओं में पारंगत है। आद नूरसब्बा शायान जी की गज़ल 'राब्ता' में उत्कृष्टता का परिचय मिलता है। रिश्तों में नाम वादा ओहदा आदि की आवश्यकता नहीं, बस उसकी सच्चाई और ईमानदारी पर भरोशा रखना, उम्दा शेर- दूर जाओ अगर ...जरा आहिस्ता। वहीं दूसरी गज़ल में बेहतरीन ला जवाब शेर है- हर सदी कहानी दर्ज है - सुनो तो जरा"। आद रज़िया रागिनी की कविताएं माँ और बचपन की माँ का अकेलापन का असीम दर्द और मेरा बचपन में कवि मन की कल्पनाएँ सुनहरी बाग में बिचरित करती है। आभा दवे की कविता वक्त का बहाव में समय की महत्ता का उम्दा विवेचन किया है। वक्त के साथ यदि आप न चले तो समय अपने पटल से निष्कासित कर देगा। बहुत सुंदर वर्णन किया है।

आद लता तेजेश्वर रेणुका की कविता मेरा सपना बड़ा हो रहा है में अखंड भारत, अनेकता में एकता और मानवता का संदेश मिलता है। 'गुलिस्ताँ' काव्यसंग्रह में सभी भाषाओं का समावेश है संग्रह के कवि-कवयित्री ऊर्जावान, उच्च विचार और उन्मुक्त सोच के हैं। इन सभी की कविताओं का सद्भावना का भाव अर्थ अर्थवान शीर्षक से ही उज्जागृत होता है। संग्रह में पारिवारिक संगठन, सामाजिक चेतना, नारी विमर्श राष्ट्र भावना सहित समग्र मानव जाति की कामना संरचना से ओत-प्रोत रचनाएँ संकलित हैं। जो समाज मे व्याप्त घनघोर सामाजिक वैचारिक विरोधा भाष को किंचित प्रकाशवान

करती नज़र आ रही है। कविता गीत, ग़ज़ल दोहा आदि का प्रथम श्रृंखला का प्रयास सराहनीय है।

विभिन्न भाषी कवि- कवयित्रियाँ मैत्रयी कमिलाजी, हेमा अशोकजी, सरोजा मेटी लोडायजी, कविश्री विश्वम्भर नवीन हलदुनवीजी, सुधीर कुमार पंडाजी, सुषमा सेनगुप्ताजी, अरुंधति महान्तिजी, रतनलाल मेनारियाजी, मंजुला पांडेयजी, सुभद्रा सलोनी महान्तिजी, आभा दवेजी, साधना कृष्णजी, सुजाता पालजी, चंद्रमोहन किस्कूजी, सुजाता पाल, देवी नागरानीजी, मीरा सिंहजी सभी की रचनाएँ काव्य की धरातल पर कथ्य और तथ्य की सीमा को बांधने का सुंदर स्वरूप का सुखद एहसास होने के कारण धेयभाव मन को स्पर्श करते हैं। सुमिता प्रवीण केशवा की उत्तराखंडी भाषा की कविता उत्तम भाव है।

मुझे पूरा विश्वास है कि पाठक गण इन रचनाओं पर अपना ध्यानाकर्षण जरूर करेंगे और अपना स्नेह प्रदान करेंगे। यह मातृभाषाओं का संग्रह धर्मिता के निश्छल प्रयास के लिए लोक रंजीत स्वस्थ भावना के लिए साहित्य जगत में इसका स्वागत होना ही चाहिए। अनेकों शुभकामनाओं के साथ बधाई भी

डॉ प्रभा शर्मा 'सागर'

साहित्यकार

11.01.2021

किताब के बारे में दो शब्द

विविध भारतीय भाषा संस्कृति संगम' संस्था ने   कोरोना काल में भी इसके उत्थान में कोई कसर नहीं   छोड़ी। संस्था सुचारू रूप से कार्य कर सके इसके   लिए कई अवसर निकाले गए। संस्था द्वाराअंतर्जाल   का उपयोग करके ऑनलाइन साहित्यिक कार्यक्रम   संपन्न कराए गए। हर 3महीने में काव्यगोष्ठी और व्हाट्स के

सक्रिय पटल पर अन्य साहित्यिक प्रतियोगिताओं का आयोजन कर ऑनलाइन प्रमाण पत्र दिए गए। संस्था की अध्यक्षा द्वारा गत वर्ष एक हिंदी पुस्तक का संपादन किया गया जिसका विमोचन प्रख्यात साहित्यकारों ने किया। कई राज्यों के लेखक व लेखिकाओं ने इसमें भाग लेकर संस्था के उद्देश्य को सफल बनाया।

इस प्रयास में पहले भी संस्था की ओर से एक हिंदी किताब 'सीप के मोती' का प्रकाशन हुआ, जिसका संपादन स्वयं संस्था की अध्यक्षा लता तेजेश्वर रेणुका' जी ने किया जिसे इंडियानेट के प्रकाशक आ डॉ संजीव कुमार जी ने निशुल्क प्रकाशित किया। 2019 में प्रथम वार्षिकोत्सव के दौरान अन्य पुस्तकों के साथ धूमधाम से लोकार्पण किया गया। जिसमें विशेष अतिथि किताब के प्रकाशक डॉ संजीव कुमार जी के साथ कार्यक्रम अध्यक्ष हिंदी साहित्य प्रचार प्रसार में कार्यरत संजीव निगन जी, मुख्यतिथि 'कारवाँ' के अध्यक्ष मनोहर अभय जी, विशेष अतिथि डॉ प्रमिला शर्मा जी और रेखा रोशनी जी रहे। संस्था की अध्यक्षा होने के नाते इसकी अध्यक्षता करते हुए पहले वर्ष की सफलतापूर्वक उपलब्धि से मैं बहुत खुश थी। संस्था की स्थापना 14 नवंबर 2018 को हुई थी। संस्था के संस्थापक आदरणीय कोट्टापल्ली तेजेश्वरराव जी ने भी पूरे उत्साह से हर मुमकिन सहायता कर कार्यक्रम को सफल बनाया।

2020 के कोरोना काल के चलते इस साल के नवंबर माह में द्वितीय वार्षिकोत्सव ऑनलाइन मनाया गया। आ गंगा प्र शर्मा गुणशेखर जी ने अध्यक्षता की, मुख्यतिथि आद संजीव कुमार जी और विशेष अतिथि आंध्रप्रदेश की होनहार लेखिका डॉ पद्मजा जी रहे।

विविध भाषाओं की रचनाओं को आमंत्रित कर इस साल के प्रकाशन के लिए विभिन्न भारतीय भाषाओं की लिपि के साथ ही 'भाषाओं का गुलदस्ता' किताब को प्रकाशित करने का मुख्य उद्देश्य था। कुछ पांडुलिपियों को हम हासिल कर पाए कुछ भाषाओं को हिंदी लिपि में किताब में स्थान दिया।

कुछ समय से मेरा विचार एक ऐसी किताब बनाने का था जिसमें भारत की सभी भाषाएँ सम्मिलित हो। अब तक इस किताब में कुल 16 भाषाओं की कविताओं का

संकलन किया गया है जिसमें ओड़िआ, तेलुगु, मराठी, उर्दू, संस्कृत, कन्नड़, अवधि, बज्जिका, कुमाउँनी, पंजाबी, ह रियाणवी, राजस्थानी, गुजराती, संबलपुरी, हिन्दी और अंग्रेजी भी शामिल हैंजिसके जरिए यह प्रतीत होता है कि भारत में अनेकता में भी एकता है। हम भारतीय भाषाओं के तारतम्य को खत्म कर एक अखंड भारत बनाना चाहते हैं। हमें विश्वास है कि हमारा यह प्रयास, यह सपना साकार होगा और हमारी उम्मीद को उड़ान मिलेगी।

~ संपादक : श्रीमती लता तेजेश्वर 'रेणुका' ~

लेखिका, अध्यक्षा: विविध भारतीय भाषा संस्कृति संगम

1.श्रीमती मैत्रयी कमिला - ओड़िआ

ମୈତ୍ରେୟୀ କମିଲା, मैत्रयी कमिला

ବାପାଙ୍କ ନାମ: ଶ୍ରୀ ବୈଦ୍ୟନାଥ ରାଣା,

ମାଆଙ୍କ ନାମ: ଶ୍ରୀମତୀ କନକ ରାଣା,

ଶିକ୍ଷା: ବି ଏ (ରାଜନୀତି ବିଜ୍ଞାନ) ,

ଜନ୍ମସ୍ଥାନ: ବାଲେଶ୍ୱର, ଓଡ଼ିଶା, ନିବାସ: ନୂଆ ମୁମ୍ବାଇ, ରୁଚି: ପଢ଼ିବା, ଲେଖିବା, ଅନୁବାଦ, ପ୍ରକାଶନ : ପତ୍ରିକା ଆଉ ଅଖବାର ରେ କବିତା, କାହାଣୀ ଗୁଡ଼ିକ ପ୍ରକାଶିତ ହେଉଥାଏ। କାର୍ଯ୍ୟକ୍ରମ ଆୟୋଜନ ରେ ଭାଗିଦାରୀ। ସଭାପତି : ପ୍ରବାସୀ ସାହିତ୍ୟ ସମ୍ଭାର , ଭାଷା : ଓଡ଼ିଆ, ହିନ୍ଦୀ

ସମ୍ପାଦିତ କାର୍ଯ୍ୟ: ଓଡ଼ିଆ ପତ୍ରିକା ମୁମ୍ବାଇ, ଉକ୍ରଳ ସୁରଭି, ନୀଲାଚଳ

ଫୋନ ନୁମ୍ବର: 9029199650

Language : Odia
* * * * * * * * * * * * * * * * * * * *
1.ଖୋଜୁଛି ମୁଁ ଏମିତି ଏକ ରୁତୁ
* * * * * * * * * * * * * * * * * * * *

ଖୋଜୁଛି ମୁଁ ଏମିତି ଏକ ରୁତୁ
ବଦଲିଯାଇଥିବ ଘାସ ଆଉ ଫୁଲର କାହାଣୀ
ପାହାଡ଼ଟା ଆଉ ଧୂସୁରା ଦିସୁ ନ ଥିବ
ପାଣିର ଗାର ପରି ଲିଭୁଥିବ
ରାଗରୁଷ ମାନଭିମାନ
ତର୍କବିତର୍କ ଠୁ ଦୁରେଇଥିବ ସମ୍ପର୍କ ର ଡୋର
ଅନ୍ଧବିଶ୍ୱାସ କୁ ସଂସ୍କାର ଗଣ୍ଠିଲି ମାରି ଉଭ ଖାଉଥିବ

ସମ୍ପ୍ରଦାୟିକତା ଭେଦଭୁଲି
ବାଣ୍ଟୁଥିବା ନାରା "ଆମେ ସବୁ ଏକ"

ମୋତେ ଠିକ ସେ ହୁଳହୁଳି ପକେଇ ଆସେନି ,
ଭଲ ରାଖି ଆସେନି କହି
ତୁମେ ବାଟ ଭାଙ୍ଗି ଚାଲିଯିବନି
ଆଖିକୁ ଦିସୁନି କହି ଶବ୍ଦ ସବୁ ଖାତାରେ
ଏପାଖ ସେପାଖ ହେବେନି ଏମିତି ଏକ ରୁତୁ
ସମୟ ଟା ଟିକେ ରହିଯିବ
ସୁନସାନ ଖରାବେଳେ କୃଷ୍ଣଚୁଡା ଛାଇତଳେ
ଫଗୁଣ ସରିନି କହି ଅଙ୍କା ବଙ୍କା ରାସ୍ତା ସରି ଆସୁଥିବ
କେହି ନ ଝୁଣ୍ଟିଲା ଭଳି ବାଡ଼ କଡ଼ ଲତାପରି
ମୁଠେ ମାଟି କୁ ଆଉଜି କୁହୁଡ଼ି ରେ ଚାଲୁଚାଲୁ
ନେସି ହୋଇଯିବ କାକର ଚୋପାଟା ଆଖି ପତାରେ,
ପକ୍ଷରେ ସେ ଗଙ୍ଗଶିଉଲି ଫୁଲ
ନେଚ୍ଚାଏ ଝରିପଡୁଥିବ କଲମ ମୁନରେ।

हिंदी अनुवाद

* * * * * * * * * * * * *

एक ऐसे ऋतु की तलाश है

* *

एक ऐसे ऋतु की तलाश है मुझे,
जहां ना बदले घास और फूल की कहानी,
दूर से पहाड़ धूसर ना हो,
पानी के जैसा मिटजाए सारे अनबन,

संबंध के डोर से दूर हो सारे उलझन,

अंधविस्वास और कुसंस्कार में सुधार हो,

भेदभाव भुलाकर साझाकरना होगा 'हम सब एक है',

रोसोइ ठीक न होने पर

तुम रस्ता अलग मत करना,

आंखो में रोशनी कम है कहकर

मेरे कविता के शब्द इधर उधर ना हो,

एक ऐसे ऋतु की तलास है मुझे

समय थोड़ा रुक जाए

सुनसान दोपहर को गुलमोहर के छाओं में

पतझड़ अभी बाकी है

ये सुनाए,

कोहरे में चलते चलते

निपट जाए ओस के बूंदे

ओर कुछ पारिजात के फूल बिखर जाए स्याही कागज़ पर नए शब्द लिए

मैत्रेयी कमीला

2.ଟୁ୦ ପଥର

* * * * * * * * * * * * * *

ଗାଁ ପୋଖରୀ ରେ ଟୁ୦ ପଥର
ମୁଁ ସାକ୍ଷୁ ଥାଏ ଖାଲି କୂଳ
ମୁହଁ ଅନ୍ଧାରକୁ କୁଆଁ ତାରା ଖୋଜେ
କୁଆଁରୀ ଆଖ୍ନର ଘେର
ଭୁଆଶୁନୀ ଆସେ ପାଦ ମାଜି
ଏଠି ବଜେଇ ପାଉଁଜି ତାର
ନିରାମାଖୀ ଆକାଶର ନିର୍ଲଜ

ହସ ଛଡ଼ାଉ ଥାଏ

ଅପରାହ୍ନର ବୟସ ବାରମ୍ବାର

ପୁଣି କାହା ପୋଡ଼ା କପାଳ ନିନ୍ଦୁଥାଏ

ମୋ ଛାତିରେ ବାର ବାର କେହି

ପୁଣି ରଙ୍ଗଉ ଥାଏ

ଜୀବନର ଭଙ୍ଗା ଗଡ଼ା ମୁହୂର୍ତ୍ତ କୁ ତାର

ମୁଁ କିନ୍ତୁ ପଡ଼ିଥାଏ ବୁଢ଼ୀଅସୁରୁଣୀ ଗପର

ଅଲରା ଅସନା କାହାଣୀପରି

ସମୟର ଅଦୃଶ୍ୟ ଛାଇ ରେ

ଲେଉଟାଇ ମୋର କଡ଼ ।

ସବୁ ସମ୍ପର୍କ ର ଡୋର ଭିତରେ

ଛନ୍ଦା ଛନ୍ଦି ଜୀବନ

ଆଙ୍ଗୁଳାଏ ବାଲି ଭିତରୁ ଝରୁଥାଏ ଚିକିମିକ

ସୁଖ ଆଉ ଦୁଃଖ ର ଅସରନ୍ତି ମୁକୁତା ର ହାଟ

କାକର ଭିଜା ସ୍ୱପ୍ନ ସବୁ ମିଳେଇ ଯାଆନ୍ତି

ସୁନା ଖରା ଫିଟା ଡେଣାରେ

କେତେବେଳେ ସମ୍ପର୍କ ସବୁ ସାଉଁଟୁ ଥାଏ

ଅଜଣା ଫୁଲଫୁଟା ରୁତୁ

ଆଉ କେବେ କଡ଼ ଲେଉଟାଇ ଚାହିଁ

ମୁରୁକି ହସା ଦିଏ ଅପରାହ୍ନ ର ଛାଇ ।

ତାରି ଭିତରେ ଆଉଟା

ଲୁହ ସବୁ ଭସେଇ ନିଏ

ଚୁପଚାପ ସମୟର ଠିକଣା ।

3. ଓଡ଼ିଆ ହାଇକୁ

* * * * * * * * * * * *

1. ନଈ - ଧାରେ ଲୁହର / ମଝିରେ ସେ ଆକାଶ/ଲେଉଟି ଚାହେଁ ।

2. ଆକାଶ - ନୀଳ କାହିଁକି / ସ୍ୱପ୍ନ ସବୁ ସଯ଼ାଏ / ଜହ୍ନ ଜୋଛନା

3. ଗଛ - ସବୁଜିମା ସେ / ବନ ଜଙ୍ଗଲ ଶୋଭେ / ଚହଟେ ଫୁଲ ।

4. ସମୁଦ୍ର - ଢେଉର ମେଳ / କୂଳକୁ ଛୁଇଁ ଛୁଇଁ / ଶାମୁକା ହସେ ।

5. ଜହ୍ନ - ବାଦଲ ଢାଙ୍କି / ଲୁଚାଏ ଗାଢ଼ ରାତି / ସାଉଁଟା ସ୍ୱପ୍ନ ।

6. ବର୍ଷା - ଏ ବର୍ଷା ଝରେ / ,ମେଘର ଗର୍ଜଲରେ / ଭିଜେ ଓଢ଼ଣୀ ।

7. କ୍ଷେତ - ସବୁଜ କ୍ଷେତ / ଧାଡ଼ିଧାଡ଼ି ଧାନ ର / ସୁନା ଫସଲ ।

8. ଶଙ୍ଖ - ବେଙ୍ଗୁଲି ରାଣୀ / କୁଆ ର କାଆ କାଆ / ଶୁଭୁଛି କାନେ ।

9. ବନ୍ୟା - ପାଣିର ସୁଅ / ଅସ୍ଥ୍ୟ ବ୍ୟସ୍ତ ଜୀବନ / ଆଗକୁ ଛୁଟେ ।

10. ଲୁହ - ଲୁହର ବନ୍ୟା / ଉବୁଟୁବୁ ନଈରେ / ଖୋଜୁଛି କୂଲ

2.श्रीमती हेमा अशोक - तेलुगु, अंग्रेजी

Name: Hema Ashok laksmi.

Father's name: K V Rajasekhar ,

Mother's name:K. K. Devi,

Birth place : Chodawaram, Andhra pradesh, Education : BE/B.tech, Occupation : Assistant Manager in Syndicate Bank, Hobbies : paintings, short story writings, listening to music, singing and solving puzzles Achievements: Awarded district level championships in painting, state level competitions, cash prizes.

Languages: Telugu, English

1.~~కదిలిన మనసు~~

* * * * * * * * * * * * * * * *

ప్రియాతి ప్రియమైన న ప్రేమకు

నకు ఊహ తెల్సిన క్షణం నుంచి

న ఊపిరి ఆగే క్షణం వరకు

నీపై నేను పెంచుకున్న ప్రేమ

అపరమైనది, అనంతమైనది.

నిన్ను తలవని క్షణం లేదు,

మరువలేని రోజు లేదు,

నువ్వు నతో ఉన్న రోజులు

చల అందమైనవి.

అద్ధం లో చూసుకున్న న మోము

చల ముద్దుగ కనిపించేది.

నువ్వు న పక్కన ఉన్న, న వెనక ఉన్న

చూని ఏడ్చేవరు యీ విచ్చి జనం.

నువ్వు నన్ను అంత ప్రేమించిన
నీ ప్రేమ నిలబెట్టుకోలేక పోయాను.
నువ్వు వెళ్ళిపోతున్నావ్ అని
నాకు హెచ్చరించిన
ఖాతరు చేయలేకపోయాను.
ఏ బందమైన దూరమైఅయ్యాకే
అర్ధమవుతుంది కబోలు దాని విలువ.
ప్రియతమా! మనసు మార్చుకున్నానను,
ఇప్పటికైన దరి చేరవ..??
నాకు అండగా ఉండవ..??
నిన్ను ప్రాణం కన్న ఎక్కువగా చూసుకుంట..!
నువ్వు తిరిగి వస్తవని, నా చెంత ఉంటవని,
తిరగని చోటు లేదు.. చేయని సేవ లేదు.
నువ్వు మళ్ళీ తిరిగి వస్తవనే నిండు ఆశతో,
తింటున్న ముద్ద కన్నీటం గా ఉన్న
ఇష్టం తో దిగమింగుకుంటున్న..
ఎంత మంది నా పక్కన ఉన్న,
నువ్వు లేవనే బధ నన్ను కలిచివేస్తుంది.!
నా చిన్న చిన్న పొరపాట్లు
పెద్ద మనసు తో క్షమించవ..??
క్షమాపణ అడిగితే క్షమ బిక్ష పెడతవ..??
ఇన్నళ్ళలు నిన్ను నా గుండెల్లో పెట్టుకున్న
ఇక నా తల పై రేఖ పెట్టి పూజిస్తను శిరోజమ..!
హృదయాంతరాంలేనుండి ఆవిష్కృతమైన

నా యే భావలా నా శరోజలకు అంకితం చేస్తూ
కోషంతితో.. భరంతి తో...

2.మర మనిషి
* * * * * * * * * * * * *

కకోకి అన్నం పెట్టని వడు,
కకి ని వెలిచి వెండం పెడతడు.
ఆమ ని చంపుకుని తింటడు
అదే చేత్తో పూజ చేని దేవడంటడు .
పేరతిదన్ని అవసరినికి పడుకునేవడు ,
అవసరం అయ్యాక అమ్మ నైన అమ్మేస్తడు..
కనీస సంపదన లో ఒక్క రూపయే ని
ఖర్చు పెట్టని నీవేము, ఒక్క రూపయే ని కూడ
తీన్కళ్ళలేవు అని గురపొహించు.
ఓ మర మనిషి,
కలం కన్న వేగంగ పేటీ పడుతున్నవ్,
కనీ అదే కలం నిన్ను కల్చి బూడిద చేనే
ఒక రోజు కూడ ఉంటది అని
ఎప్పటికిన తెల్సుకుంటవ్...!!

English
4.Dear surya,
* * * * * * * * * *

To ink my words, I dont know
From where to begin,

And how to express what I feel within.

My Heart cannot get well while you are gone,

Everything lost its color as you made me alone,

Leaving me alone, you made me a weak bone.

When troubles are looming and

When im struggling,

I realised that I'm missing you deeply.

I don't need any magic,

I just need your arms around me

Which lightens my day.

I step outside and search for your presence,

Became a Druggist in your absence.

Now is when I need you the most.

Please make me efficient,

As im VITAMIN-D deficient.

3.श्रीमती परमिता षडंगी - हिंदी

नाम _पारमिता षड़ंगी, कांदिवली,मुंबई,

पिता_ बंशीधर षडगी, पति- स्वप्रेन्दु मिश्र

जन्म_ १३.४. जन्म स्थान_निमापडा , ओडिशा, लेखनी_ ओडिआ और हिंदी भाषा

में कहानी और कविताएँ प्रकाशित | प्रकाशित पुस्तकें _ चार कहानी संग्रह, सम्मान_ साहित्य दर्पण श्रेष्ठ गाल्पिका, तीसरी ओड़िआ किताब 'अन्तराले' ब्रह्मपुर साहित्य संसद द्वारा पुरस्कृत, 'काव्य गौरव सम्मान' प्राप्त, कई महा मंचों में सम्मानित ।
मेल आइडी_ paramitasarangi1972@gmail.com

भाषा : हिंदी

* * * * * * * * * * * *

"कविता लिखनी थी"

* * * * * * * * * * * * * * * *

वह स्वर्ग जो मुझे पुरस्कार में मिला है,

वो तो न होने के समान है

कैसे उसे अपना बनाऊँ ?

उस डूबते सूरज को रोक लूँ तो.......

न अँधेरा होगा न मंजिल धुंधली होगी

पर अफ़सोस की बात है

आज़ कल बहुत कम चीजें असर करतीं हैं ।

क्या सचमुच मेरे प्रस्थान से तुम्हें कष्ट होगा.....

में तुम्हें बता दूँ -

जिस रस में रहस्य नहीं वह कविता नहीं,

अब मुझे जाने दो भीगना है मुझे राग में,

अनुराग में, विराग में ।

मुझे ऐसे मत देखो

तुम्हारी आँखें बिल्कुल यशोधरा की जैसी,

जिन आँखों में बुद्ध भी बौने दिखाई देते हैं।

मत रोको मुझे, देखो चिकना पत्थर भी

शांत समुद्र में पाँव धोने लगा है।

कविता लिखनी है अभी नहीं तो

रात खो जाएगी आकाश की बाहों में, और

सुबह कहीं और निकल जाएगी।

"इतिहास"

* * * * * * * * * * *

वह था एक जर्जर घर का उपेक्षित कमरा

इतिहास के किसी एक गर्वित दुर्ग में,

जो सबसे उच्च होने के भ्रम में था

मगर उसे पता नहीं था

शहर में सूखे घास का एक

जंगल फैलने लगा है

जिसकी शोणित धार

अपने आप में चिसकर

हत्या करने लगी है

सपनों को पूजा के योग्य पत्थर तो

स्वार्थ के अर्घ्य ले ले कर

टूटने लगा है

ओस को लपेट कर सुबह

अपनी लज्जा को समेटने लगी है,

अँधेरा भी खुद में उलझकर

और एक अँधेरे को बुलाने लगा है

कुछ तो करना पड़ेगा

ढूँढना होगा शब्दों के पीछे

छिपे हुए अर्थ को

जरुरी नहीं कुछ तोड़ना या गढ़ना

अब इतिहास की

नीरवता के पास जाओ

रफ़ू करलो उसके फटे हुए कपड़ों को
सुन लो उसके टूटे शब्दों के
गुहार को, देखना अर्थ सारे
निकल आएँगे फिर तुम देखना
ये रात अब बेकार की
ज़िद नहीं करेगी ।

4.श्री मोतीलाल दास - हिंदी

नाम : मोतीलाल दास ॥

ई-मेल: *motilalrourkela@gmail.com*

प्रकाशन: 275 कविताएँ देश के विभिन्न 85 पत्र-पत्रिकाओं में प्रकाशित, कविता संग्रह - आखिर क्या करता, देह पर दिन की भाषा, समय के ढेर पर - कविता संग्रह

* * * * * * * * *

भाषा : हिंदी

* * * * * * * * * * * * * *

लेख एक लड़की की

* * * * * * * * * * * * * * *

मैं चाहती हूँ जीना और
मरना ठीक समय पर.
मैं चाहती हूँ अंकुरना
बीजों की तरह और
बढ़ना लताओं की तरह
ढलना भी चाहती हूँ
चांद की तरह
और उगना भी
सूरज की तरह.
मैं चाहती हूँ मिटना
लहर की तरह और
बिखरना फसलों की तरह
जलना भी चाहती हूँ
चूल्हे की तरह
और चाहती हूँ खाली होना
पेट की तरह।
मैं चाहती हूँ
खिलखिलाकर हँसूँ
या फिर रोऊं जी फाड़ कर
किसी भी तरह.
पर मेरे चाहने से ही
नदी मेरे आँगन में नही बहेगी

मैं जितना मरना चाहती हूँ

वो उतना ही

जिंदा रखना चाहते हैं

एक गीली लकड़ी की तरह।

2. अलिखित कविता

* * * * * * * * * * * * * * *

मेरी देह में चिपकी हैं

कई कविताएं

तुम उसे जरा गौर से पढ़ना

उन कविताओं में

धड़कती है

मेरी मन की बातें

मैं जानती हूँ

तुम इसे न पढ़ पाओगे

तुम्हें तो सिर्फ देह की

सुंदरता दिखेगी

वैसे भी कविता के

भीतर उतरना

तुम्हारी फितरत नहीं

जबकि मैं सिर्फ देह नहीं

तुम्हारे लिए

इन सबसे परे सबसे पहले

मैं अलिखित कविता हूँ

5.डॉ सरोजा लोड़ाया - कन्नड़

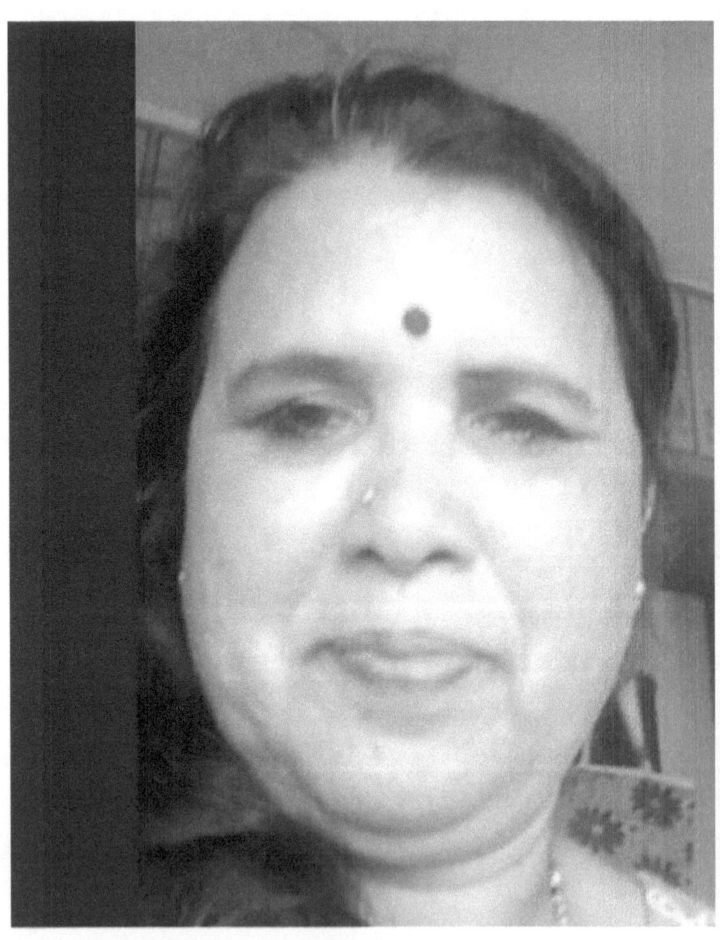

नाम : सरोज मेटी लोडाया। कर्नाटक

जन्म :1 मई, पिता:हालेश, माता: शकुंतला, पति:अश्विन लोडाया   शिक्षा: एम ए बी एड, एम फिल, पी एच डी, संप्रति: उपन्यासिका   साहित्य सेवा: कन्नड और हिन्दी भाषा में आलेख ,कविता कहानी आदि प्रतिष्ठित पत्र पत्रिकाओं प्रकाशित। कर्नाटक के कन्नड़ भाषा की पत्रिका प्रजावाणी में शिक्षा आलेख प्रकाशित। पुस्तक प्रकाशित: 'कृष्णा से नील तक 'कवन संकलन प्रकाशित। 'गार्गी' कृष्ण बजाज, विशेष सम्मान, नील पुत्री सम्मान, आदि गौरव प्राप्त।

भाषा : कन्नड़

* * * * * * * * * * * *

1.'ಕರುನಾಡು '

* * * * * * * * * * * * *

ಕರುನಾಡ ಚೆಲುವ ಒಮ್ಮೆ ನೋಡ

ಕರುಣೆಯ ಒಲವೆ ನಮ್ಮ ಸೊಗಡ

ಹೃದಯವಂತಿಕೆಯೆ ನಮ್ಮ ಸಿರಿವಂತಿಕೆ

ಆಶ್ರಯ ಕೊಡುವುದರೇ ನಮ್ಮ ಸಜ್ಜನಿಕೆ

ಅಹಿಂಸೆ ನಮಗೆ ಪರಮಧರ್ಮ

ಪರಿಶ್ರಮವೆ ನಮ್ಮಳಚಲಕರ್ಮ

ಪರರು ನಮ್ಮವರೆಂಬ

ಸಚ್ಛಭರಿತರೆಯುಳ್ಳವರು

ತಿಳಿಯಬೇಡಿ ಇದು ನಮ್ಮ

ಬಲಹೀನತೆ ಎಂದು

ಕಳಂಕ ತಂದರೆ ನಾಡಿಗೆ ಬಿಡೆವು

ಕಚ್ಚೆದೆಯ ಕನ್ನಡಿಗರು ಸಿಡಿದೆದ್ದೆವು

ತಾರತಮ್ಯ ನಮ್ಮಲಿ ಇಲ್ಲ
ಹಿಂಸಾಚಾರ ನಮಗೆ ಸಲ್ಲ
ಗಡಿನಾಡು ನಡುನಾಡು ಎಲ್ಲೆ ಇರಲಿ
ಅಡೆ-ಅಡೆಯಲಿ
ಕನ್ನಡದ ಕಂಪು ಪಸರಿಸಲಿ
ವೀರ ಕನ್ನಡಿಗರು ನಾವು
ಅಮರ ಕರುನಾಡಿಗರು ನಾವು
ಸತ್ವ ಪರೀಕ್ಷೆಗೆ ಸದಾ ನಾವು ಸಿದ್ಧ
ನಾಡತಾಯ ರಕ್ಷಣೆಗೆ ಎಲ್ಲರು ಬದ್ಧ
ತಾಯಿ ಭಾರತೀಯ ಸುತೆ ಕನ್ನಡತಿ
ಎಲ್ಲರಿಗೂ ಸಡಿಮತಿ
ಕೊಡು ತಾಯಿ ಭಾರತಿ

2. "ನಮ್ಮಕರುನಾಡ-ಕಾಶ್ಮೀರ"
* *

ನೆರೆ ಅಬ್ಬರಕೆ ತತ್ತರಿಸಿ ನಲುಗಿದೆ
ನಮ್ಮ ಕರುನಾಡ ಕಾಶ್ಮೀರ
ಮುಗಿಲ ಮುತ್ತುಗಳು
ಅಲೆಯಾಗಿ ಉದುರಿ-ಚದುರಿ,
ನುಂಗಿವೆ ನಮ್ಮ ಕರುನಾಡ-ಕಾಶ್ಮೀರ
ಯಾರನು ಕೇಳಲಿ
ಕಪಿಲೆಗಳೂ- ಕಾವೇರಿಗಳೂ?
ಯಾವ ಜನ್ಮದ ಕೋಪ -
ಡವರೇಷ ತಾಯಿ ನಿನ್ನದು!

ಇದು ಬಾನಿನ ವೇದನೆಯೋ,
ಭೂಮಿಯ ಆಕ್ರೋಶವೋ?
ಬರಸಿಡಿಲು ಬಡಿದಂತೆ ಎರಗಿದೆ
ಜೀವ ನುಂಗಿ ನೀರು
ಕುಡಿಯುವುದೆ,
ಕುಣಿ-ಕುಣಿದು, ನಲಿ-ನಲಿದು
ಧರೆಗಿಳಿದರೆ ನೂರಾರು
ಜಲಪಾತಗಳು ಕಣ್ಣು
ತುಂಬಿದವು ಅಂದು,
ಹೊಲ ಗದ್ದೆಗಳು ಹಸಿರ ಚಪ್ಪರ
ಕಟ್ಟಿ ರೈತನ ಉಸಿರಾದವು,
ಇಂದು ಉತ್ತೆ-ಬಿತ್ತಿದ
ಹೊಲವೆಲ್ಲ ನೀರಾಗಿ
ಮನೆ-ಮರಗಳೆಲ್ಲ
ಜಲಪಾತದ ಕಣ್ಣೀರಾಗಿ,
ತಪ್ಪು-ಒಪ್ಪುಗಳು ನಮ್ಮವು
ಎನೆ ಇರಲಿ
ಮನೆನಿಸಿ ನಮ್ಮನು ಇನ್ನು,
ತುತ್ತು ಅನ್ನ, ಗುಟುಕು
ನೀರು ಕುಡಿಯಲು ಹರಸು ನಮ್ಮನು.
ಎಳೆ ಬಂಧುಗಳೆ ಇನ್ನಾದರು
ಎಚ್ಚೆತ್ತುಕೊಳ್ಳೊಣ
ಪ್ರಕೃತಿಮಾತೆಯ ಪೂಜಿಸೋಣ
ಸುಂದರ ಬದುಕು ಕಟ್ಟಿ ಕೊಳ್ಳೊಣ.

अनु ॢॢ वाद

* * * * * * * * *

'हमारे करुनाड कश्मीर '

* * * * * * * * * * * * * * * * * *

प्रवाह से पीडित करुनाड कश्मीर

मेघ मोती लहरे बनकर धरती पर गिरे

वही फैलकर निगलकर तबाह किया

किसको पू ॢ ॢ ॢ छूँ? कपिला को या कावेरी को?

किस जन्म का कोप -ताप   है माँ

यह आसमान की वेदना है या धरा का आक्रोश है

कुदते नाचने भू पर मनमोहित करते थे झरने

आज वही प्रपात

खेत खलिहान ही जल प्रवाह बनकर

धरा को सता रहे हैं

माँ हमारी गलतियो को माफ करो

एक मुट्ठी अन्न और एक

गुटकु पानी के लिए हम पर कृपा करो

उठो भाई बहन अभी तो गलती मान लो

प्रकृति माता की पूजन करेंगे

सुंदर जीवन करेंगे।

6.डॉ प्रमिला शर्मा - संस्कृत

नाम - डॉ. प्रमिला शर्मा।

प्रकाशित पुस्तकें- ७, नाटक - दुबई में स्वलिखित - 'वनवासिनी सीता', कन्या भ्रूण हत्या पर 'बिटिया' का रशिया में, बलात्कार पर 'नन्ही परी क्यों डरी', प्रदूषण की रोकथाम पर 'पानी, हवा और ध्वनि' का मंचन। संस्कृत में कई लेख. सम्मान- 'सोहनलाल द्विवेदी स्वर्ण' सम्मान, उज़्बेकिस्तान और मॉरीशस में भोजपुरिया सम्मान, अन्य कई प्रतिष्ठित सम्मानों से अलंकृत। सब टीवी,सोनी टीवी,दबंग, महुआ आदि चैनलों से कविताओं का प्रसारण एवं सम्मान। सम्प्रति-संस्कृत/हिंदी अध्यापिका इंटर्नैशनल स्कूल."ज़रूरी बात" मासिक पत्रिका की ब्यूरो चीफ़(महाराष्ट्र)

* * * * * * * * * *

भाषा : संस्कृत

* * * * * * * * * * *

1. 'माता' -

यो अस्ति माता,

अद्भुत तस्या:प्रतापा।

हृदयात् लालनम लालयति,

स्नेहेन शिशुम् पालयति।

अंके नित्वा मधुरम गीतम गायति,

मूल्य-परक पाठम पाठयति।

अनेकानि दुखानि सहति,

परम निर्झरिणी समम वहति।

अस्मिन लोके,

सा अस्ति श्लोके श्लोके।

ईश्वर: अपि कथयति,

माता अक्षुण वरदान: अस्ति॥

2. ' चटका'

एका चटका, अति व्यथिता।

अत्र-तत्र पश्यति,

निरंतरम रटति

-'किम अहम् जीवामि,

कथम निवसामि?

भो मनुष्य: प्रवीण:

ध्वस्तम भवति मम नीड़:।

यत्र खगा: वसन्ति,

तान वृक्षान कर्तयन्ति।

शावका:धरायाम पतन्ति,

हिंसक खगा: क्रूरभावेन,

तेषाम पश्यन्ति।

अहम् श्रृणुयामि,

मम शिशुम विलापम,

रे मानव,

त्वम श्रृणु मम अलापम।

3. 'ईश्वर'

हे जगत्-आधार!

कुरु मम जीवनस्य

नाविका पार।

सर्वत्र अंधकार: अस्ति,

संशयमय मम मनस्य स्थिति।

त्वमेव प्रकाशस्य पुंज,

पुष्प-पत्राणि विहीन मम कुंज।

अति उदार: तव दृष्टि,

दयानिधान!

कुरु दया-वृष्टि।

4. 'कलमम्'

विचारवान: कथयति,-

कलमम् शास्त्रेषु

बलशाली अस्ति।

मनुष्य: किमऽपि शोचयति,

कलमम् तस्य

निर्देशानुसरम् लिखति।

लिखति लोकस्य कथा,

लिखति पीड़ितस्य व्यथा।

लिखति वार्ताम्

देशात्- देशम्,

लिखति परिजनस्य संदेशम्।

यदा हृदयस्य भावनाम

अक्षरेण रचयति,

तदा मनुष्य:

सहज रूपेण वाचयति।

मनुष्यस्य ज्ञानम्,

रक्षणाय उपयुक्त

साधनम् भवति,

यत् कारणे कलमम्

अति विशिष्टम्अस्ति।

5. 'त्वमेव'

'त्वमेव ईश्वर,त्वमेव मानव,

त्वमेव असि यत् संसारे दानव।

त्वम एव असि ब्रह्माण्डस्य रक्षक,

त्वमेव असि संसारस्य भक्षक।

सर्वम रुपम तव हृदयेव वसति,

त्वम यो आदीशति इन्द्रिय करोति।

त्वम कुरु विचारं

त्वम किम करिष्यसि,

मानव वा दानव

त्वम किम भविष्यसि?'

6. अयम क:?

प्रदूषणम भक्षति,

प्राणवायुम यच्छति,

धराया: जीवानाम

जीवनम रक्षति,

वातावरणम अपि

स्वच्छति।

वद!! ..अयम क:?

आम!!

अयम वृक्ष: अस्ति।

वृक्ष: अति उपयोगी,

सर्वान जनान

करोति निरोगी।

पथिकस्य पथे,

शीतलताम प्रसारयति,

औषधिम,वनस्पतिम

पुष्पाणि-फलानि ददाति।

आम!!

अयम वृक्ष: अस्ति।

वृक्ष: सुहृदय-मित्रम
समम भवति।
आतपेन व्यथित: मनुष्य:,
अस्य अध: तिष्ठति।
दुक्खनानि हरति,
सुक्खानि करोति,
अस्मिन कारणे मनुष्य:
तम पूजयति।
आम ! !
अयम वृक्ष:।

7.डॉ गंगा प्र शर्मा गुणशेखर - अवधि

नाम   -डॉ गंगा प्र शर्मा'गुणशेखर

संप्रति-अध्यक्ष,देज़ेयोग अन्तर्राष्ट्रीय भाषा संस्थान,सूरत, पूर्व प्रोफेसर, गवांगज़हौ, चीन, लाल बहादुर शास्त्री राष्ट्रीय प्रशासन अकादमी के हिंदी के आधार पाठ्यक्रम में 'ऐन इंट्रोडकटरी हिंदी रीडर'और 'अ कन्साइज ग्लोसरी ऑफ़ अरेबिक ऐंड पर्सियं टर्म्स', कविता, कहानी और आलोचना, दलित साहित्य में विशेष दखल, चीन के हिंदी पाठ्यक्रम में सम्मिलित तुलसी सम्मान, विश्व हिंदी सेवी सम्मान

भाषा : अवधि

* * * * * * * *

दोहे'

1-बेटवा जबते बड़े भे ,दिलु भा रेगिस्तान ।

फिरहूँ ममता मातु की ,सींचइ फ़सल सुखान ॥

(बड़े हुए पर पुत्र का, दिल था रेगिस्तान ।

फिर भी ममता सींचती,आई फ़सल झुरान ॥)

2-जरिया सारी बेंचि कइ,जीका किहिसि इलाजु ।

धरिसि गड़ांसा गरे पर, वहइ पुतउना आजु ॥

(सारी ज़रिया बेंचकर,जिसका किया इलाज ।

उसी पुत्र ने गले पर,रखा गंड़ासा आज ॥)

3-कुछु मा कुछु लगबइ करी, रंगु हमारे अंग ।

इउ कहबुइ बेकार हइ, 'का करि सकत कुसंग' ॥

(कुछ ना कुछ तो लगेगा, रंग हमारे अंग ।

यह कहना बेकार है,का करि सकत कुसंग ॥)

4-मँहगाई की मार मा, बचइ न ध्याला सेस ।

नेता अफसर भ्रस्ट तउ ,सुखी न होई देस॥

(मैंहगाई की मार से ,बचे न धेला शेष।

नेता अफसर भ्रष्ट तो,सुखी न होगा देश॥)

5.तुम बिलगे जउ डार-डार, हम मछई हर पात।

तुमरेउ घर की पता हइ, हमका सारी बात।

(तुम बिलँगे जो डाल डाल,हम बिलँगे हर पात।

तुमरे घर की पता है , हमको भी हर बात।)

6-का कीका कुछु मिला हइ, जग मरजादा लाँघ।

याक जाँघ की लाज बदि ,खुलइ न द्वासरि जाँघ।

(क्या कुछ किसको मिला,जग-मर्यादा लाँघ।

एक जाँघ की लाज हित,खुले न दूसर जाँघ॥)

7-अपने ते बलवान जे,मत कीन्हेउ तकरार।

नदिया ते लड़कर बहे, बिरवा बसे कगार॥

(अपने से बलवान से,मत करना तकरार।

नदिया से लड़कर बहे,पादप बसे कगार॥)

8-चहइ नहावइ नील ते,चहइ मुड़ावइ केस।

जब तक असली चाम नहि, का बदले भा भेस॥

(भले नहाए नील से,और मुड़ाए केश।

अगर न बदली चामड़ी, व्यर्थ है बदले भेष॥)

9.बिरह अगिनि ते हइ कहूँ, कम कविताई पीर।

तपे आगि माँ तब बने,तुलसी,सूर,कबीर॥

(विरह अग्नि से कम नहीं,है कविताई पीर।

तपे आग में फिर बने,तुलसी,सूर,कबीर ॥)

10-मुट्ठी भर की ज़िंदगी,चुटकी भरि आराम।
यहिमा ही करिबे परैं ,दुनिया भर के काम ॥
(मुट्ठी भर की ज़िंदगी,चुटकी भर आराम।
इसमें ही करने पड़ें दुनिया भर के काम ॥)

11-किरनें हरि कइ चला गा , कुहरा फिरि ई बार
हक्का - बक्का ठाढ़   हइ , सूरज थान्हेदार ॥
(किरनें हरके ले गया ,कुहरा फिर इस बार।
हक्का - बक्का खड़ा   है,सूरज   थानेदार ॥)

8.डॉ सुषमा सेनगुप्ता - अंग्रेजी

Name: Dr. Sushma Sengupta ।

Birth - 18th May1938, Sandila, Distt.- Hardoi - U.P. Mother's name - Late Smt. Vidya Asthana, Father's name - Late Dr. Ramanand Asthana Husband's name - Late Maj. Gen. S. Sengupta, Education - M.B.B.S, Worked as Captain in Indian Army. Founder President of DRISHTIKON, the NGO in Delhi, worked for prevention of HIV/AIDs in poor communities and Red-light areas of Delhi. Publications - Dard Ko Kavita Ban Jane Do (kavya sangrah), Hindi poems in various magzines,

Samman:1. Prashasti - Patra from Aashirwad, 2. Samman - patr- Premanjali Sahitya Sanstha

भाषा: English(अंग्रेजी)

1. THE LONE WITNESS

* *

I was the lone witness

To my murder

The assassin,

Wearing medals

Of grief and martyrdom

Is greedily gathering

With both hands

The goodwill,

Solace and condolences

Showered on him

By the crowd of the People

Gathered to mourn my death !

His self-imposed sorrow

He perceives is a bigger calamity

Than my death !

I am the lone witness

To my murder..

Did I not scream at all Or

No one heard my screams..? Or

They heard but chose to

Ignore them

There is no confirmatory

Evidence available.. !

The elusive weapon

Used for my murder,

Sometimes a sword

Sometimes a hammer

Sometimes a noose

Sometimes...

Mere words or a glace..

No one recognizes it but only me.. !

There were no broken bones..

No Bleeding wounds

No Cuts and bruises..

And no smell of rotting flesh !

It was me, myself

Who Identified my corpse. !

Hence I will remain

The lone witness to my murder !

2)ONLY FEELINGS--------------------------

Let the feelings

Permeate

Through every pore

Of the body and

The mind…

No sights… No sounds…

Just the feelings.

.3.STEALING TIME

I sleep with my daughter

Who is suffering from pre-exam

Anxiety syndrome

I must spend my evenings

Attending parties

With my husband

As a necessary accessory

To his personality

And to endorse his status

I spend my mornings

Supervising the dirty cloths !

Being collected from every

Nook and corner of the house

Get them washed and ironed

I must ensure

That the food is cooked

To everyones taste

Each one has a time schedule

I must adhere to that schedule !

My son has his final exams

He must be woken at

Four in the morning

My daughter studies

Till late In the night

She needs tea at 11 PM

My husband

Must have breakfast

At 8 AM and

Leave For the office

The maid comes

only at 9 AM

The garbage man at 9.30

The dhobi at .

Each one has a time schedule

But I have none !

MOU of marriage did not have

The slot of time For me ! ..

So ! I steal time ! ..

I steal time and gossip

I steal time and buy jewelry -

I steal time and play cards !

Over the years

I have become

An expert thief of time !

4.SELF GENERATED ISOLATION

Sitting on a high pedestal

(Self-imagined)

You are looking down

On all around you

You fail to look through

The reality that you are living

In a self-created

World of Illusion

For many of them

The ones you are

Looking down on

Are equal, if not

Taller than you !

You are looking down

On them but

They are not looking up to you

Now you know

Why you are so alone.

5. LET US HATE EACH OTHER

Life is small…Too small..!

Life is narrow…Too narrow..!

Too congested

With Ever-multiplying

Countless Sobs

And heart-breaks -

There is no place for love..!

Come on everybody..

Let us hate each other..!

Let us hate

With full sincerity

And Strength..!

Let us save

Our hearts from bleeding..!

Let us protect our minds

From the freezing silence

Of the graveyard..!

Let us escape.

Let us hate each other

For, there is no place

For love..! Life is

Too narrow and small..!

6. IMMORTAL LIFE ?

Shut up !

Who is talking of Immortal life..!

Life dies like a long suffering

Dying patient

Inside the hearts silently.. !

What do we want…

With the naked souls

Wandering above the skies.. ?

Who calls the life immortal..

When so helplessly...   It dies.. ?

7.MY BROTHER

I do not remember

Birth of my brother

Since I was only an infantbut

None of my childhood memories

Are without him,,

Fighting for

A piece of sweetmeat

Sitting patiently

In the courtyard

Of our home for

Hours to catch a sparrow..

(Which we never caught)

Running away from school ..

Sitting around

Our mother

In the evening while

She cooked chapattis

Sitting on the terrace

Singing with or

Without reason.
Stealing money from
My mothers bag to buy
Kulfi and eating quietly
On the terrace of our home.
And now as quietly
He suddenly left
Left us all
Wondering which door
He is hiding behind eating kulfi
Without me. (Incomplete)

8. COLOURS OF RAINBOW

What infinite joy Is contained
Within the few moments
I am with you –
Like All the seven colours
Of a rainbow are reflected
In a single drop of
Dew ! Yes, I love you...

9.डॉ अरुंधति महान्ति - ओड़िआ

नाम : डॉ अरुंधति महान्ति।

Name-Dr.Arundhati Mohanty,

Father- Mr.Jatadhari Khuntia,

Mother-Kanchanbala Khuntia(Poet), Edn- M.A, M.Phil, Ph.D, Book published : 1. Thesis, and 2. poetry book

Language: Odia, ভাষা : ওড়িআ

ଲୁଚକାଲି
#################
ରାସ୍ତାର ଜରି ସାଉଁଟା ପିଲାଙ୍କ ସାଙ୍ଗରେ
ମୁଁ ତୁମକୁ ସାଉଁଟିଛି ବସ୍ ଷ୍ଟାଣ୍ଡ, ଷ୍ଟେସନ୍ ରୁ
ସିନେମା ହଲ୍ ବାରଣ୍ଡାର ସିଗାରେଟ୍ ଧୂଆଁ ମିଶା
ପୋଷ୍ଟର୍ ପାଖରୁ, ମୁଁ ତୁମକୁ ସାଉଁଟିଛି
କେତେବାର ବଂଧୁମହଲ ରୁ
ବାପାଙ୍କ ଚଷମାତଳୁମା'ର କାନିରୁ ।
କଥା ଦେଇଛି ତ ତୁମ ପାଇଁ
ମୋ ସାରା ଆୟୁଷ ପୁହାଇ ଦେବି
ତୁମକୁ ମୁଁ ସ୍ୱପ୍ନ ଦେବି, ସ୍ନେହ ଦେବି,
ସାଥୀ ଦେବି,ପ୍ରୀତି ଦେବି, ଆଖିରେ ଅଞ୍ଜନ ଦେବି
ଭୁଲିଯିବା ଲୁହରେ ଉତୁରୁଥିବା କ୍ଲାନ୍ତ ନିର୍ଜନତା,
ସଂଜହେଲେ ସପ ପାରି ଗପ ଶୁଣେଇବି
ତମେ ବସିଥିଲେ ଲାଗୁଥିବ କବିତା କବିତା ॥
ତମେତ ଖୁଜୁବୁଜୁ ,ଦୁଷ୍ଟ ବଗୁଲିଆ
ଗପଟିଏ ସରିଗଲେ ବିକ୍ରମ ବେତାଲି ପରି
ଖସି ଚାଲିଯାଆ, ମତେ ହିଁ
ଅଚିହ୍ନା କରି ଆଉ କା'ର ଅଗଣାରେ କବିତାର
କୁଆଁ କୁଆଁ କାନ ଡେରିଥାଆ ॥

ଖାଲି କବିତାଟେ ପାଇଁ ତୁମକୁ ବାନ୍ଧି ରଖ୍ବାର
ମୋ ଅପାରଗପଣିଆ ଟା
ଗୋପପୁର ଗୋପୀ ସାଜି
ବସିଥାଏ ତୁମ ପଥ ଲେଉଟାଣି ଚାହିଁ,
ହଜିଥ୍ବା ଆରପଟ କାନଦୁଲ୍ ପରି
ତୁମକୁ ଖୋଜିବାର ନିଶା ସରେ ନାହିଁ ॥

ପ୍ରତ୍ୟାବର୍ତ୍ତନ

* * * * * * * * * * * ***

ଏ ପ୍ରତ୍ୟାବର୍ତ୍ତନ କ'ଣ
କବିତାକୁ...   ପ୍ରେମକୁ....
କେଉଁ ପ୍ରତିଧ୍ୱନିର ମାୟା ଛନ୍ଦି ହୋଇ ଯାଉଛି
ବୁଢ଼ିଆଣି ଜାଲରେ, ଅନ୍ୟ ଏକ ବର୍ତ୍ତମାନରେ ।
ଏବେ ତ କଠୋର ହେବାକୁ ହେବ
ପାଦ ଫେରେଇବାକୁ ପଡ଼ିବ
କାଉଁରୀ ଜାଲରୁ ବାହାରିବା କ'ଣ ଏତେ ସହଜ?
ଆଜି ନହେଲେ ବି କାଲି ମୋତେ ମୁକୁଳିବାକୁ ପଡ଼ିବ
ସମୟର କେଉଁ ପ୍ରହରରେ ବି
ମୁଁ ଫେରେଇନେବି ମୋର ପାଦ,
ମୋତେ କ୍ଷମା କର, ମୋତେ କ୍ଷମା କର
ମୋତେ ଜାଳିବାକୁ ହେବ ମୋର ସବୁ
ଅବର୍ତ୍ତମାନର ଯନ୍ତ୍ରଣା,
ପୁଣି ଥରେ ସମାନ୍ତରାଲ ପାଲଟିବା,
ସାଉଁଟିବି କୃଷ୍ଣ ଚୂଡ଼ା ରଙ୍ଗ ବୋଲା
ମୋର ପ୍ରିୟ ମହକିତ ତେଲ ଲୁଣ

ଗେହ୍ଲୈ ସଂସାର ଘୋର୍ କରି ଫେରିଯିବ
ତୁମ ନିଷ୍କପଟ ନୀଳ ପ୍ରତିଧ୍ୱନି
ବନ୍ଦ ଦର୍ଜା ର ଚୌକାଠ ରୁ ମୋର ॥

* ଛୋଟ ଝିଅ *

* * * * * * * * * * *

ଚଢ଼େଇଙ୍କ ପାଦ ଚିହ୍ନରେ ପାଦ ରଖି ଚାଲୁଥିଲା
ଗୁରୁବାର ଖୋଟିପରି ଲକ୍ଷ୍ମୀପାଦ
ପକେଇ ପକେଇ ସ୍ୱପ୍ନ ଆଙ୍କୁଥିଲା
ଛୋଟ ଝିଅ ମୁସ୍ମୁସ୍ ଓଦା ଓଦା ନରମ ବାଲିରେ ।
କେତେବେଳୁ ତା'ର ହାତ ଛାଡ଼ି ମୁଁ ଚାଲି ଆସିଲିଣି
ଅଜଣାରେ ଅନେକ ଦୂରକୁ,
ତତଲା ବାଲିରେ ପାଦ ଜଳିବାରୁ ସିନା
ମନେପଡିଲା ନଈପାଣି
ଖୁବ୍ ମନେପଡେ ଛୋଟ ଝିଅ
ଚାହିଁଲେ ଆଖି ପାଏନି
ସେ ବୋଧେ ସେମିତି
ସେଦିନରୁ ନଈକୂଳେ ଅଛି ।

* *

Translated by her daughter Subhadra salooni mahanti

* * * * * * * * * * * * * * * * * * * *

The Little Girl

Warily stepping over birds' footprints
Leaving back trails of tiny Lakshmi feet of a
Thursday Miniature Alpona

A little girl weaving out a dream

Whilst Snugly against the cozy,

warm and moist coastal sands,

It's been long since I've left her hands

..in Oblivion for so many years

.. obliviously so far

Today the ancient river waters transcend my mind

When my burning feet trail upon the blazing sands

I reminiscence about the little girl

She's out of sight when i glance behind

I anticipate she's maybe still in the ancient river banks

Anticipating she maybe is still there on that same summer
night

* *

5 ਹਾਇਕੂ / 5 ହାଇକୁ

1.ଆକାଶ: ପ୍ରତିଟି ରାତି/ ତାରାରେ କରୁଣବିଦ୍ଧ/ଜଳାଏ ଛାତି ॥

2. ଆକାଶ: ରକ୍ତ ସକାଳ/ ଦୁଃଖ ଭୁଲାଇ ହୁଏ/ ସେ ପ୍ରାଣୋଚ୍ଛଳ ॥

3. ସତର୍କ: ବନ୍ଧନ ମିଛ/ ଅସତର୍କ ଶବ୍ଦରେ/ ଭାଙ୍ଗେ ସମ୍ପର୍କ

4. ଦୀପ: ଘନ ଅନ୍ଧାର/ଛୋଟ ଦୀପଟି ଆଶେ/ବଡ଼ ବେଭାର ॥

5. ସ୍ମୃତି : ଏ ପାଦ ସ୍ୱର/ ଦୂରରୁ ଶୁଭେସିନା/ ସତ୍ୟ ନିଷ୍ଠୁର

10.आ नूरससब्बा शायान - हिंदी, उर्दू

नाम: नूरुससबा शायान

पिता का नाम: डॉ अलमदार हुसैन, शिक्षा: एम. सी. ए,   जन्मभूमि: जबलपुर, सम्प्रिति: पाककला, आईटी प्रोफेशनल, पीछले १३ वर्षों से एक प्रसिद्ध आईटी कंपनी (टाटा कंसल्टेंसी सर्विसेज़)मैं कार्यरत, लेखन में रूचि है। स्टोरी मिरर में कहानी लेखन प्रतियोगिता में पुरस्कृत, रीता सदन लघु कथा प्रतियोगिता में पुरस्कृत। सीप के मोती, काव्यधारा,शब्द लिखेंगे इतिहास और कथा धारा संकलनों में प्रकाशित।

भाषा : हिंदी, उर्दू

* * * * * * * * * * * * * * * * *

1.मुनाफाये ग़म

* * * * * * * * * * * * *

आठमहीने और कुछ

२० दिन हुए तुम्हे परदेस गए

और चार महीने छह दिन

हुए तुम्हे मुझसे जुदा हुए

इस आरसे में चार जुदाई की गज़लें,

चार फिर मिलने की आस के नग्मे

और आठ दस टूटे बिखरे

रिश्तो की नज़्मे

अच्छा है , अच्छा ही है

जब सुलगते दिलो की

रख कागज़ पर बिखरती है

तो हज़ारों सैंकड़ो

दबे जज़्बात उभर आते हैं

और कई काई जमे

रिश्ते फिर निखार जाते हैं

फिर निखर जाते हैं....

****

غم مہ ناف مے

****

گ یئے پہ ردیہ س تہ مھ یں ہوئے دن دس مہ یہ نے آڈ ھ

ہوئے جدا مجھ سے دن بہ یس مہ یہ نے چار اور

غزلہ یں ک ی جدائ ی چار مہ یں عر صے اس

ذ غمے بہ ھرے آس ک ی مہ لہ نے پہ ھر پہ اذ چ

ذ ظمہ یں ک ی ر شہ توں بہ کھرے ڈ وڈ ے دس آڈ ھ ک چھ

ہے ہی اچھا ہے اچھا

ہے بہ کھرت ی پہ ر ک اغذ راک ھ ک ی دلوں س د لگ تے جب

ہ یں آڈ ے اب ھر ایہ سے جذبہ ات س یہ کڑوں ہزاروں

۔۔ ہہ یں جاتہ ے ذ کھر پہ ھر ر شہ تے جمے ک ائ ی ک ئی

2. राब्ता

****

ना कोई नाम न वजूद न अहद ना ही कोई वादा

इस रिश्ते की सच्चाई पर यक़ीन भी आधा-आधा

कुछ वक़्त साथ बिताने बस कुछ पल साथ निभाने

थोड़े ग़म बाँटने थोड़ी खुशियाँ चुनने

निकल पड़े थे बस कुछ पल साथ निभाने

निकल पड़े थे बस इक मंज़िल को तलाशने।

वक़्त गुज़रा, रिश्ता गहराया

मंज़िल का इंतज़ार न रहा कि

अब सफर ही हसीन लगने लगा।

पर अगले ही मोड़ पर खो गए दोराह पर

मंज़िलें हो गई जुदा रास्ते हो गए खफा।

अब अलग थी अज़माइशें

अलग ही था ज़िन्दगी का बयां

पर अब भी बाक़ी था कुछ तो दोनों के दरम्यां,

अब भी न कोई नाम न अहद नही कोई वादा

फिर भी अब इस रिश्ते पर यक़ीन है कुछ ज़्यादा

चले गए अगर बहुत दूर खुदा न खास्ता

जुड़े फिर भी रहेंगे हो न हो कोई राब्ता।

راب طہ

****

وعدہ کوئی ہی نہ تھا احد نہ وجود نہ ارادہ مگر کوئی نہ تھا

آدھا آدھا بھی یقین پر سچائی کی ریش تے اس

نہ بھانے ساتھ ہے پل کہ چھب سب تانے ساتھ ہو قت کہ چھ

چہ نے خوشیان سی تے ہوڑی باہر ڈنے غم تے ہوڑے

چلنے ساتھ ہہ کہ دم کہ چھب سہ تے ہے پڑے نہ کل

نہ تہ لاشنے کہ و منزل اک ب س تے ہے پڑے نہ کل

گہرا ایک ار شہ تہ گ زرا وقت

لگنے حہ س دین حی سہ سفر تے واب کی رہا نہ ہاذ نہ تظار کہ اہ منزل

لہ گا۔

پر راہوں دو گئے کہ ہو پر موڈ ہی اگ لے پر

خہ فاگ ئے حور راس تے جدا گئے دیں حو منزل دیں

بہ یاں کہ از ندگی ی تھا حی الگ اضماع شہ دین تہ تھی الگ اب

درمیاں میرے تہ یرے تو کہ چھت ہا باقی بہ ہی اب پر

وعدہ کیے تھے جدا نہ ہوں کہ ماما جدا نہ ہوئے تھے اب بھی
زیادہ کچھ ہے یہ قین پر رشتے اس اب بھی فر
خاص تا نہ خدا کے بھی دور بہت گئے نئے چلے
راہ طہ کے ہوئے نہ یہ ہوا حور یہ زندگے بھی فرد تو جڑے۔

3.ग़ज़ल

* * * * * * * * * *

दूर जाओ अगर , पास यादों का बस्ता रखना|

अपने से जुदा करने की रफ़्तार ज़रा आहिस्ता रखना

मेरी खुशियो में तुम शामिल हो न हो

अपने ग़मों से मुझको हमेशा वाबस्ता रखना|

जानती हूँ मंज़िलें अब जुदा हैं हमारी

कुछ कदम साथ चल सकें ऐसा एक रास्ता रखना|

यक़ीनन बेशक़ीमती है शख़्सियत तुम्हारी

फिर भी तुम्हे पा सकूं खुद को इतना सस्ता रखना|

जानती हूँ मसरूफ है वहां ज़िन्दगी बहुत

फिर भी साथ यहाँ की यादों का गुलदस्ता रखना|

غزل

* * * * * * * * *

رکھنا پاس یادوں کا تا کہ اگر جاؤ دور اس پہ
رکھنا آہستہ ذرا رفتار کی ہونے جدا سے اپنوں
ہو نہ ہو شامل تم میں خوشیوں میری
رکھنا وابستہ ہمیشہ مجھے سے غموں اپنے
کہ دم چھ ہماری ہیں جدا اب منزلیں ہوں جانتی
رکھنا راستہ ایک ایسا سکیں چل ساتھ
تمہاری شخصیت ہے بیش قیمتی یقیناً

۔ رک ھنا سدس تا تۃ ناک و خد سدکوں پ اتۃ مھ یں ب ھی ف ر
ب ھت زندگ ی وہان ہے مصروف ہوں جاتۃ تی
۔ رک ھنا گ لدس تہ کۃ ای ادوں ک ی ہان ساتۃ ھ ب ھی ف ر

4. ग़ज़ल

* * * * * * * * * * * *

खामोशियां भी गुनगुनाती हैं सुनो तो ज़रा

निगाहें बहुत कुछ कहती हैं सुनो तो ज़रा

लफ्जो के जन्जाल में उलझ गये जज़्बात

झुकी पलकें इकरार करती हैं सुनो तो ज़रा

हर एक सदी की कहानियाँ दर्ज है इन में

झुरियाँ चेहरे की बताती हैं सुनो तो ज़रा

आंखों के तिलिस्म को समझना है मुश्किल

राज़ ये गहरे कभी खोलती हैं सुनो तो ज़रा

तेरी बेवफाई की ज़ामिन हैं ये तन्हा रातें

मेरी रत्जगो के हिसाब माँगती हैं सुनो तो ज़रा

ذرا تۃ و سنو ہ یں گ ن گناتۃ ی ب ھی خامو ش یان
۔ ذرا تۃ و سنو ہ یں ک ہ تی ک چھ ب ہت ن گاہ یں
جذب ات تۃ و گ ئے ال جھ م ین ج نجال ک ے ل فظوں
۔ ذرا تۃ و سنو ہ یں ک رتۃ ی اق رار پ ل ک یں جھ کی
ان م یں ہے درج دا س تان ک ی صدی اک ہر
۔ ذرا تۃ و سنو ہ یں ب تاتۃ ی ک ی چھرے جھری یان
م ش کل ہے سمجھ نا ک و طل سم ک ے آن ۃ کھون
۔ ذرا تۃ و سنو ہ یں ک ھول تی ک بھی گ ہرے یہ راز
رات یں تۃ نہای ہ ہ یں زامن ک ی ب ے وف ائ ی تۃ یری
۔ ذرا تۃ و سنو ہ یں ماز گ تی ح ساب ک ے رتۃ ج گون م یری

11.श्री रतन लाल मेनारिया - राजस्थानी

नाम: रतन लाल मानेरिया 'नीर'

पिता - स्व. रमेश चन्द्र जी मेनारिया, माता स्व. शान्ति देवी   मेनारिया, जन्म - 14अप्रेल 1981, शिक्षा - इलेक्ट्रोनिक में   डिप्लोमा, धर्म पत्नी - श्रीमती निर्मला मेनारिया, सम्प्रति - सीमेन्ट प्लांट, चितौड़ गढ़ में कार्यरत, प्रकाशन - नाटक, उपन्यास, कई पत्रिकाओं में कहानियाँ, शोध पत्र प्रकाशित, कई सम्मानो से सम्मानित

मेल आईडी - rgarima623@gmail.com

भाषा: राजस्थानी

देखो कस्यो मनख जमाणो आयो रे

* *

देखो कस्यो मनख जमाणो आयो रे,

मोबाइल में सब वैण्डा वेग्या रे।

माबाप ने टाबरा ने

मोबाइल देन करम फोडलिदो रे।

टाबर माबाप को केणो नी माने

पपजी खेल न वैण्डा वेग्या रे।

छोटा - छोटा टाबर

मोबाइल चलान वैण्डा वेग्या रे।

देखो कस्यो मनख जमाणो आयो रे

आजकल री पीढ़ी के छोरा छोरी

गुली डण्डा, कबड्डी,दडीमार,

लुका छुपी सगला खेल भूलग्या रे ।

मोबाइल में सब छोरा छोरी वैण्डा वेग्या रे ।

देखो कस्यो मनख जमाणो आयो रे।

सगला परिवार वाला एकला

वेग्या दादा दादी एकला वेग्या,

दादा दादी री कहाणीयाँ कुण सुणे रे,

घर में बोल चाल चहल पहल बन्द वेग्यी रे

छोरा-छोरी सब मोबाइल में वैण्डा वैग्या रे,

देखो कस्यो मनख जमाणो आयो रे ।

नवी लाडी हारे आवे,मोबाइल लारे लावे रे ।

गाम में लाडी छेड़ो लम्बो काडे

व मोबाइल के फेसबुक पर वतावे मुण्डो रे

कस्यो मनख जमाणो आयो रे,

मोबाइल में सब वैण्डा वेग्या रे ।

लाडी घर में लम्बो छेड़ो काड़ न शाणी वण न गुमे रे

व मोबाइल के टिकटोक पर धुम मचावे रे ।

लोग - लुगाईया छोरा -छोरी

मोबाइल में सब वैण्डा वैग्या रे

देखो कस्यो मनख जमाणो आयो रे ।

12.आ रज़िया रागिनी समर - हिंदी

नाम -रज़िया रागिनी 'समर ।'

शिक्षा -बी ए, सेक्रेटरीयल डिप्लोमा,काउंसिलर, अन्य -जनसत्ता, संगिनी, मेरी सहेली, सामना आदि में बतौर पत्रकार काम किया, रेडियो टेलीविज़न के कार्यक्रम में एंकरिग, डबिग तथा अभिनय संप्रति -संगीत, चित्रकारी काव्य -लेखन एवं

व्यक्तिगतकाउंसलर।

भाषा : हिंदी

* * * * * * * * * * *

1. माँ

* * * * * * * * * * * * * *

माँ को उम्र के आख़िरी पड़ाव में अकेले होते देखा है,

पिता के जाने के बाद बेघर होते देखा है,

बच्चों की दुनिया में माँ को एक कोने में सिमटते हुए देखा है,

हर बात में चुप रहना और बर्दाश्त करते देखा है,

बेटे और बेटी में किस को चुने

इस दुविधा में दिनरात घुलते देखा है,

दो रोटी खाओ और भगवान् से लौ लगाओ,

इस सोच को माँ पर थोपते हुए देखा है,

मन की स्वच्छंदता और दिल की इच्छाओं को घुटते देखा है,

शरीर के साथ-साथ मन को भी बूढ़ा होते देखा है,

कहते हैं बच्चे बुढ़ापे का सहारा होते हैं,

माँ को बुढ़ापे में भी बच्चों का सहारा बनते देखा है ।

2. मेरा बचपन,

* * * * * * * * * * * * *

मेरा बचपन ही बहुत प्यारा था,

या यूं कहो सब से निराला था,

नानी से कहानियाँ सुनते थे,

परियां और रानियो

जैसे सपने भी देखते थे,

गुड्डे गुड़िया की शादी रचाते थे,

बेगानी शादी में अब्दुल्ला दिवाने बन जाते थे,

चंदा मामा दूर से आना ,

बहोत सारे खिलौने लाना,

घर की छत पर अपने भाई बहनों के साथ

अंताक्षरी खेलना,

ज़ोर-ज़ोर से गाना और हंसना,

कभी रूठना कभी मनाना ,

टीचर बन के मोहल्ले के बच्चों को उठबैठ कराना,

वो आम पापड़ वो खट्टी मीठी गोलियां

वो माँ की मीठी-मीठी बोलियां,

वो गली के बच्चों के साथ लुकाछिपी खेलना,

फिर लंगड़ी टांग से उन्हे पकड़ना ,

हर त्यौहार पर रिश्तेदारो का आना,

कई कई दिन त्यौहार मनाना सब याद आता है,

भला कभी बचपन भी इन्सान भूल पाता है ।

3. ख़फा रहता है,

* * * * * * * * * * * * * *

जाने वो क्यूं मुझसे ख़फा रहता है,

जब मिलता है रूला देता है ,

शिकायते कम ही नही होती उसकी,

हर बार एक नया ज़ख्म दे जाता है,

हर दुआ में चाहा है मैंने उसको,

वो मेरी मुहब्बत का ये सिला देता है ,

दिल की बात जब भी कहती हूँ उससे,

मेरी हर बात को हवा में उड़ा देता है ,

हर आहट पर अब भी नज़र रहती है मेरी ,

कोई कैसे अपनो को यूं भुला देता है ,

अल्लाह उसे भी मेरी मुहब्बत का एहसास करा दे,

सुनते है जो मांगो वो तू ज़रूर देता है ।

4.औरत,

* * * * * * * * * *

जिस देश में देवी पूजती है, वहीं आज भी   औरत जलती है ,

कितनी ही मासूम अबलायें बलात्कार के नाम पे मरती हैं,

लड़की का कुछ भी अपना नही, अपना वजूद भी अपना नही,

अपने घर तो है ही पराई, पति के घर भी है दूसरे घर से आई,

कितने ही रूप में बटती हैं, पहचान को अपनी तरसती है,

आधुनिककरण के इस युग में भी अबला ही बन के जीती है,

अगर हक़ की बात वो करती है तो चरित्रहीन कहलाती है,

समाज के ठेकेदार के हाथों की कठपुतली बन जाती है,

मां सी पवित्र होकर भी बाज़ार में बोली लगती है,

आज भी आज़ाद भारत में औरत की यही सूरत होती है।

5. ज़रूरत है,

* * * * * * * * * * * * * * *

आज इन्सान को मुहब्बत की ज़रूरत है बहुत ,

जो हिंसा और नफरत की ओर बढ़ रहा है बहुत ,

न जाने कहां ले जायेगी ये सियासत हमें,

हमें अपनी आने वाली पीढ़ी की फिक्र है बहुत,

जिसे भूलने में एक सदी लगी है हमें,

आज फिर उस विभाजित मानसिकता से डर लगता है बहुत ,

फिर भी भरोसा है अपने संस्कारो पर संस्कृति पर'समर'

जहां भाईचारे और मुहब्बत की नींव है गहरी बहुत ।

6. मेरा भारत,

* * * * * * * * * * * * * *

मुझे अपनी जड़ों से प्यार है ,

 अपने मुल्क से सरोकार है,

हो चाहे कितनी ही दुशवारियां ,

 मेरा देश महान था और महान है,

दुनिया में हमारी अपनी पहचान है,

प्यार और अहिंसा ही हमारी ज़बान है,

चाहे कोई भी हमें भटकाने की कोशिश क्यूं न करे,

मज़हबी दायरों में समेटने की क़िवायत क्यूं न करे,

पर मेरे मुल्क का हर एक शख़्स समझदार है,

अपने मुल्क के लिए क्या सही है

उसे इसकी पहचान है, वक़्त आने पर बताया है,

बड़े बड़े सियासतदाओं को

बाहर का रास्ता भी दिखाया है,

अपनी लोकतांत्रिक व्यवस्था को बचाया है ,

फिर से अपने और अपनो का प्यार पाया है,

हमें गिर कर उठना आता है,

अपनी ताक़त को भी दिखाना आता है,

इसलिए मेरा भारत महान है,

मेरी आन बान और शान है ।

13.डॉ मंजुला पांडेय - कुमाउँनी, पंजाबी, हिंदी, संस्कृत

नाम: डॉ मंजुला पांडे,

पति: डॉक्टर मृगेश पांडे

शिक्षा: बीए ऑनर्स :संस्कृत, एम.ए :संस्कृत, B.Ed, M.A हिंदी, पी.एच.डी हिंदी,

विधाएं: कविता, गीत, नाटक, कहानियां, रुचि: गायन, लेखन ,अभिनय, भाषण, चित्रकला, सम्मान: सर्वश्रेष्ठ अभिनेत्री के सम्मान, नाटक का निर्देशन, लेखन: स्मृति चिन्ह से सम्मानित यूट्यूब में नाटकप्रसारित। 'सुनो तुम मुझसे वादा करो' संकलन, पत्रिका व समाचार पत्रो में रचनाएँ प्रकाशित, स्थान: कठघरिया, हल्द्वानी

भाषा: कुमाऊँनी, पंजाबी, संस्कृत, हि॰दी

* * * * * * * * * * * * * * * *

निर्मोही कोरोना

* * * * * * * * * * * * * * * *

निर्मोही कोरोना ले नाच नचायो

सार संसार में आपुणो जाल फैलायो

१)मजदूर न छोड़या,किसान न छोड़या

पिरेवेट् कर्मचारी ले न छोड़या

सबन कन घरे में गोठीन पड़यो छ

यो कैसी छ माया कोरो ना जीव की निर्मोही.......

२)बाल बच्च घरन में आब कैद है गईं

इस्कूल का काम मोबाई ल में कर णी

यो केसो कठिन आज

बखत है आयो निर्मोही.....

३)नांतिना उदास ,बुढ़ बाड़ी उदास

हे ईश्वर दिखे दे करिश्मा तू आज

सबन कै कोरो ना ले मुक्ति दिलै दे,

निर्मोही.....।

* * * * * * * * * * * * * * * *

भाषा : पंजाबी

* * * * * * * * * * * * * * * *

रोटी दा इक टुकड़ा

* * * * * * * * * * * * * * * * *

बचपन तो अज तक

तलाश कीत्ती खुशी दी यारां दे विच

ऐशो आराम जेई चीज़ां दे विच

सोणे सोणे नजारेया दे विच

हीरे दे विच सोने चांदी दे विच

पर   नइयो मिलदी खुशी

नइयो मिलदा चैन, मिलदा ए चैन

चांद सितारेयां नू वेख के

आसमां दे विच उड़दे परिंदेया नू वेख के

कलकल करदे पाणी नू वेख के

रंग-बिरंगे फूलां नू वेख के

मुस्कांदे खिलखिलौंदे बच्चेयां नू वेख के

पर वद जांदी ए खुशी तद होर वी जादा

जद आ जांदा ए रोटी दा इक टुकड़ा

बुखे प्यासे बच्चेयां दे हथ।

* * * * * * * * * *

संस्कृत

* * * * * * * * * *

संसारसार: शिव:

* * * * * * * * * * * * *

हे शिवशंकर हे प्रलयंकर हे कैलाशनाथ !

आह्वयामि त्वां पूजयामि

त्वां प्रणमामि नित्यं।

शिव त्वां मनसा स्मरामि

शिव त्वां वचसा स्मरामि॥

जगताधार : संसारसार: रिपु संहारक:

त्वं।

त्वं तु अज: त्वं नित्य: सर्वेषां ईश: ॥

शिव त्वां मनसा स्मरामि

शिव त्वां वचसा स्मरामि ॥

मुक्ति दाता त्वं सिद्धि दाता

त्वं हर हर मे तापं।

कुरु उद्धारं जगतोद्धारं हे मम प्रिय ईश: ॥

शिव त्वां मनसा स्मरामि

शिव त्वां वचसा स्मरामि ॥

* * * * * * * * * * * * * *

हिंदी

* * * * * * * * * * * * * *

कविता:

आज का युवा

छिटके कतरा कतरा कर

बिखरे बादल

आभास देते हैं

वर्तमान युग के युवा की

मन: स्थिति का

जो हैरान व परेशान है

प्रतिस्पर्धा की

तीव्र व तीव्रतर होती

अंधी दौड़ से

पैर यहां रखूं या वहां

बीज यहां बोऊं या वहां

कौन सी धरती अथवा क्षेत्र

उगलेगा सोना

सोच में ही

छिन गया है

बचपन व जवानी उससे

रह नहीं गया है

वक्त पास उसके

चैन से सांस लेने

व बैठने का

जमाना एक था

जब युवा था बेखबर

था किंतु आशावान

था दिल में सुकून

जमाना एक यह भी है

जब खबरें उसे

रहने नहीं दे रही हैं बेखबर

कह रही हैं यहां दौड़ो वहां दौड़ो

खत्म होती है

जब यह अंधी दौड़

जुटा पाता है जब तक

वह चैन के साधन

बीत चुके होते हैं

वह लम्हे व क्षण

जिन्हें जीना चाहता था वह

जिन्हें जीने के लिए
लगाई थी दौड़ उसने

जान पाता है सही अर्थ
दौड़ का जब तक
हो जाती है जिंदगी की
शाम तब तक
हो जाती है जिंदगी की
शाम जब तक..... ।

14.कु सुभद्रा सलोनी महान्ति - अंग्रेजी

Name-Suvadra Salooni Mohanty

Father -Mr.Jagat Mohan Mohanty,

Mother- Dr.Arundhati Mohanty,

Education - Class ix, Podar international School (NERUL, Navimumbai), Hobbies- drawing pictures, Writtting Poems

भाषा: अंग्रेजी, Language: English

* *

The Lavender Heron.

* *

The lavender herons maybe

Never come again

Orchids that fade before they flare

Because the mangroves' shivering thighs

The warriors who lost their gold

Declare the time for them to restrain

Approaches the nightmare steady

The bloomed ferns panic

When the surface freezes

The accessory vines mingle with the dust

The red legged beauty predict

Their fall unready,

It's not too early for the eastern winds

To clash

Roots of the ashes strangled in marsh

The pearly corpses glued and scattered

Piercing winds run past the ashes

No one to mollify this weather so harsh.

2. The Rolling Stone .

* *

I'm afraid to disappear

I'm afraid if I don't

I haven't been the farthest in the road

Under the burnt ashes

The moon never groaned,

I wouldn't vision nightmares anymore

If I'd be cut off all alone

Afterall who'd forget

A dream all about home,

Don't break these ties forever

This city is a hallucination

Don't want to be the soul

Staring at the sun under high water

Afterall...who'd ever let me

Breathe as a rolling stone ...to their temptation.

15.श्रीमती आभा दवे - गुजराती

नाम - आभा दवे।

प्रकाशित रचनाएँ - समाचार पत्र, पत्रिकाओं में 100 से अधिक रचनाएं प्रकाशित, काव्य संग्रह-अलौकिक, काव्या धारा प्रकाशित, साझा संकलन-10, सम्मान- कोकण

ग्राम विकास मंडल सम्मान, सजल गौरव पुरस्कार । कई सम्मानो से सम्मानित, विशेष-
अँकुर पेज़ एवं बाल साहित्य एडमिन, ब्लागो पर लेखन । यूट्यूब पर रचनाएं प्रकाशित ।
संप्रति- स्वतंत्र लेखन ।

भाषा: गुजराती

સમયનું વહેણ....!
* * * * * * * * * * * *

વહી રહ્યો છે
સમય સરિતા સમો,
જે ક્યારેય થોભતો નથી,
બસ... વહી રહ્યો છે નિરંતર
આગળ ને આગળ....!
સમયનાં આ વહેણમાં
વહી રહ્યાં છીએ આપણે સૌ
એક-બીજાનો હાથ
ઝાલીને પરંતુ તે છતાંયે
એક-બીજાથી હાથ તો
છૂટી જ રહ્યાં છે
જ્યારે બની જાય છે
સમયનું વહેણ અતિ વિગીલું.....!
સમયની આ સરિતામાં
ખુશી અને વ્યથા બન્ને
એક-બીજાનો હાથ થામીને
વહી રહ્યાં છે

લોકોનો મેળો પોતાની સંગે લઈને,
એ મેળામાં નવાં જોડાય છે તો
જૂનાં ચાલ્યાં જાય છે
સ્મૃતિઓનું નજરાણું આપીને...!
બસ, આમ જ થઈ રહી છે
પ્રવાહતિ સરતિ સમયની
એ સાગર ભણી રહી છે
જેણે આ સુંદર દુનિયા
આપણાં સૌની ખુશીઓ માટે,
આપણાં સ્વરૂપનું દર્શન કરાવવા માટે,
સ્વયંને સ્વયંથી મેળવવા માટે....!

16.आ साधना कृष्ण - बज्जिका

नाम...साधना कृष्ण

पिता...श्री रामाधार सिहं, माँ-श्रीमती कृष्णा सिहा, जन्मतिथि... 3अक्टूबर, शिक्षा-स्नातकोत्तर, विधि स्नातक एवं बी.एड, व्यवसाय... अध्यापन कार्य, प्रकाशन :1.मैं जिन्दगी के गीत गाना चाहती हूँ 2. 5साझा संग्रह प्रकाशित 3. बाल कविता ,स्त्री

विमर्श की लगभग 100कविता प्रकाशन को तैयार 4. दैनिक अखबार, पत्रिकाओं एवं वैशाली स्मारिका, बिहार स्मारिका में प्रकाशित। 5.सम्मान...तेजस्विनी सम्मान ,गुरु गौरव सम्मान, हिन्दुस्तानी कलम -सम्मान, भक्त शिरोमणि सम्मान, अभिनव काव्य कनक सम्मान, लेखनी पुंज सम्मान ।

भाषा : बज्जिका

* * * * * * * * * * * * * * * * * *

बज्जिका रचना........

बरसे रिमझिम बदरिआ,घरे आऊँ सजना ।
मोरा लागे नहीं जियरा ,जल्दी आऊँ सजना ॥

सगरो रात देख चनरमा हम काटिले रतिआ,
हमरा इआद आवले रउअर प्यार के बतिया ।
गुजारे से नs गुजरे विरहिन रतिआ,
मोरा लागे नहीं जियरा ,जल्दी आऊँ सजना ॥

इत्तर पित्तर पेन्हम हम ,न मांगब गहना,
सुध बुध भूलायेल हम्मर मानूँ कहना ।
पुछलिन सखी सब कहिआ अइहेन पहुना,
अब लागे नहीं जिअरा घरे आऊँ सजना ॥

शहर बजरिया में लॉक डाऊन लागल ।
सब कमासूत अपना घरे भागल ।
रउरा असरा में उदास हम्मर घर अंगना,
अब लागे नहीं जिअरा घरे आऊँ सजना ॥

एतहि मिलजुल के दुन्नो खेती करम ,

 सुखवा -दुखवा भी मिल के झेलम।

रोपम बारी -झारी में हम सेम- बैंगना,

अब लागे नहीं जिअरा घरे आऊँ सजना॥

2.छठ गीत.....

..बरिस दिन पर अलथिन छठी मइआ हुनकर स्वागत करुँ।

गोबर से अंगना निपाऊँ आवभगत करुँ॥

चारो ओरी ताकथिन छठीअ मइआ,केत्ने सेवक हम्मर।

होमधूप के धुअबाँ उठइत हए सउसे गाँव नगर।

उजे नाचइत आवे पमरिआ माता जी दया करुँ।

सुधरी कइसे जिनगिआ एक्कर उपाय करुँ॥

बरिस दिन पर अलथिन छठि मइआ .... ॥

जुगे -जुगे जिहे रे सेवका ,काया निरोग रहे।निर्मल जल से नहइहे ,रोग शोक बहे॥

उजे कुस के आसनी बिछायेल,घाट फूलs भरल।

अँचरा पसारे पबsनइतिन ,माता पाँव धरुँ।

बरिस दिन पर अलथिन छठि मइआ....... ॥

कर जोरी ताकले कोढ़िअ◌ ,कइसे सोआगत करुँ।

हँसी -हँसी बोललिन छठीअ मईआ ,पुत अमर रहूँ।

हमही हरम तोहर दुखबा ,काया निरोग करम।

उजे सब केहूँ मंगल गाऊँ आउरो धेआन धरुँ।

बरिस दिन पर अलथिन छठि मइआ......... ॥

3.शिक्षा गीत (बज्जिका)

माई !अब न बनबउ हम रोटिआ
हम तs अब जाएम इसकुलवा ॥

पढ़म लिखम,आगे बढ़म
विकास के सीढ़िया पर चढ़म।
तभिए छूअम हमहु अकशवा
हम तs अब जाएम इसकुलवा ॥

भैया -बहिनी सब मिली पढ़म
अप्पन सपना के अपने गढ़म।
रौशन करबइन बाबूजी के नउआ
हम तs अब जाएम इसकुलवा ॥

गेआन के गंगा में जब नहाएम
घरे - घरे हम अलख जगाएम।
हम मेटाएम सभे भेद -भउआ
हम तs अब जाएम इसकुलवा ॥

2.बिसुरी बिसुरी के रोअले मेहरिआ,
अब कइसे जतई हमरो जिनगिआ।

पढ़ली लिखली नहि कइली नोकरिआ,
भेलई बिआह हम्मर बाली रे उमिरिआ।

मिललई दुलहवा बकलोल रे दइआ,

दइब हो करिअई हम कओन उपइआ।

अब कइसे जतई हमरो जिनगिआ॥

ऊब डूब करले जिनगी बीच्चे मझधार,

बच्चल कहाँ कओनो सुख के अधार।

कओने कारन दइब तिरिआ बनएलन,

कहिआ अतई सुख के में इजोरिआ।

अब कइसे जतई हमरो जिनगिआ॥

अँचरा पसारी देव पित्तर गोहराइले,

गोर मुर धऽके सैंया जी के समझाइले।

राजा जी पेटवा के अगिआ कइसे भुताऊ,

अबहूँ तऽ करैं रउरा केकरो चकरिआ।

अब कइसे जतई हमरो जिनगिआ॥

17.श्री विश्वम्बर शर्मा हलदुणवी - हरयाणवी

नाम - बिशम्बर शर्मा 'हलदूणवी,1949

जन्म - हलदूण घाटी, पंजराल जिला कांगड़ा, माता -पिता - स्व श्रीमती गायत्री देवी, स्व श्री रत्तन लाल शर्मा । शिक्षा--एम०ए०हिन्दी,प्रभाकर। बारह (दर्जन) पुस्तकें हिमाचली पहाड़ी भाषा में प्रकाशित। हिंदी मे "कलम चली है" नवगीत संग्रह, नेशनल बुक ट्रस्ट और साहित्य अकादमी के संकलनों में भी रचनाएं प्रकाशित। आकाशवाणी शिमला-धर्मशाला से रचनाएं प्रसारित। अनेक संस्थाओं द्वारा सम्मानित।

सम्पर्क-naveenhaldoonvi1949@gmail.com

भाषा : हरियाणवी

* * * * * * * * * * * * * * *

कुड़मां दे नक्खरे (गीत)

* * * * * * * * * * * * * * * * * * *

कुड़मां दे नक्खरे पुगाणे कित्तणे ,

बार-बार थोबड़ धुआणे कित्तणे ?

घर-घर लड्डु ते पतास्से बंडियै ,

दिनैं-राती गीत गुआणे कित्तणे ?

भा$-भत्ते वेस्हाबे अज्ज बधी गे,

मधरे मतंजणे खुआणे कित्तणे ?

पलैं-पलैं मिलणी कराई मित्तरो,

सौगुणां-तमोल्लां मुकाणे कित्तणे?

रीत्तां - रुआजां दे पल्लेस पुट्ठड़े ,

वेथौए को$ तां डुआणे कित्तणे ?

कुड़िया दा बब्ब तां 'नवीन' बोलदा,

छैल् - छैल् कपड़े लुआणे कित्तणे ?

18.आ मधुश्री देशपांडे गानु - हिंदी, मराठी, अंग्रेजी

नाम: मधुश्री देशपांडे गानू।

शिक्षा:- बी. काॅम, मुंबई युनिव्ह्सिर्सिटी..रसायनी टाइम्स में कई कविताएँ और आलेख प्रकाशित।"सीप के मोती " हिंदी कविता संकलन में 7 कविताएँ प्रकाशित.

संप्रति:- यूट्यूबर , नृत्य एबं लेखन ..

भाषा: हिंदी, मराठी, अंग्रेजी

* * * * * * * * * * * * * *

1.[हमसाया]

* * * * * * * * * * * * *

तुम तो प्यार हो पिया

कैसे तुम्हे समझाऊँ

वादा रहा जीवन भर का

तुम ही तो हो हमसाया..........

पास हो या ना हो

इस दिल में जुरूर हो साथ ना भी हो

मेरे लिए गुरूर हो

तुम तो प्यार हो.........

दीदार को तेरे तरसती हूँ

दिल की बाते दिल ही में रखती हूँ

बाहर कितना शोर है

भीतर सिर्फ तू ही तू है

तुम तो प्यार हो............

कोई करे सराहना कोई दे नज़राना

सब एक तरफ रखती हूँ

तेरे दो मीठे बोलो को ही जानती हूँ

तुम तो प्यार हो.........

नयनों को बस तू ही भाये

और कछु अब कहा नही जाये

इक तुझ से ही लागी लगन है

दो दिल एक धड़कन है

तुम तो प्यार हो..........

2. [मुखौटे...

* * * * * * * * * * * * *

जब जरा नजर उठा कर

आसपास देखा हमने

खुबसूरत चेहरो पर लगे हुए

मुखौटे ही मुखौटे नजर आये हमें.....

दिल में कडवाहट

जुबां पर मीठी बोली

मुखौटे हर रंग के

सूरत इनकी भोली..........

जिस के लिए कोई जज़्बात नही

उसी से दिल की लगी

झूठी मुस्कान झूठी बातें

असल में दिल्लगी............

रोज बदलती मुहोब्बत यहाँ

नये नये चेहरो से खेलती हुई

झूठ मूठ के कसमे वादे

रोज बदलती वफा यही.........

सब गरज के पुतले यहाँ

निर्मल मन मिलेगा कहाँ

तू भी क्या ढूंढ रहा हर पल यहाँ वहाँ..........

सब मुखौटे पहनें पत्थर यहाँ

कोई एक सच्चा इन्सान नहीं

मुखौटा हटा कर देखो एक बार

असली रंग दिखें गे यहीं...........

हर तरफ मुखौटे ही मुखौटे है

एक चेहरे पे कई चेहरे हैं

यही सच्चाई है इस जमाने की

तू बात कर रहा है किस इन्सानियत की.......

जब जरा नजर उठा कर

आसपास देखा हमने

मुखौटे ही मुखौटे नजर आये हमें................

3. [परछाई]

* * * * * * * * * * *

लिखती रहती हूँ तुम्हे

हर लफ्ज़ में अपने.....

तेरी ही परछाई हूँ तू माने या ना माने.....

तेरी हर अदा पसंद

तेरा हर जलवा सुहाना......

तू तो ' चांद ईद ' का

रात ढले पलकों तले

तेरे ही हसीन सपने.....

मीठी सी तेरी हंसी

खोल देती राज़ सभी

बिन कुछ कहे बिन कुछ सुनें..........

4. [मेरे लिए]

* * * * * * * * * * * * * * *

अकेली ?

अकेली भी कहाँ होती हूँ मैं??

तुम जो साथ रहते हो हरदम

नजर के सामने ना सही

दिल के आईने में दिखाई देते हो

पढ़ती हूँ तो किताबो में झांकते हो

लिखती हूँ तो लफ्जो में निखर आते हो

गुनगुनाऊं तो आवाज़ बन जाते हो

मेरे आसपास मेरे ही साथ हो

जैसे सूरज चाँद सितारे

वैसे ही तुम अटल सिर्फ मेरे लिए

तुम्हे छुपा रखा है इस दिल में

तुम्हारी रूह मेरी ही रूह में

जैसे कोई सपना बंद पलकों में

मेरे लिए " मैं ही तुम "

बस मेरे लिए हाँ .... तुम ...

सिर्फ और सिर्फ मेरे लिए.....

5. [एक चाय की प्याली]

* * * * * * * * * * * * * * * * * *

सुबह सुबह दिल खुश करती

एक गरम चाय की प्याली

उस पर आहा ! क्या बात है

हो अगर अद्रक वाली ....

ठंडी में नर्म नर्म धूप सी

चाय की वो चुस्कियां

जैसे अल्हड़ गोरी खेले अठखेलियां.....

बारिश की वो सर्द ढलती दोपहर

साथ गरमा गरम चाय हो

पकोड़े हो तो लाजवाब

यारी दोस्ती तो लाजिमी हो......

हाय ये मई की गरमी

चाय का नशा फिर भी रहता है

जैसे लोहा लोहे को कांटता है

कड़ी धूप में भी चाय तो मंगता है........

6बस एक प्याली चाय और

यादे बेतहाशा हर मौसम में

चाय तो साथ रहेगी हमेशा....

6." याद प्यारी सी "

* * * * * * * * * * * * * * * *

कभी मुलाकात नही होती

जी भर बातें नहीं होती

तो मायूस हो जाती हूँ...

उदासी छा जाती हैं

कभी चिढ़ जाती हूँ

तो कागज़ कलम लेकर

दिल की हर बात लिखती हूँ.....

वो जो तुमसे कहना चाहती हूँ

वही जो तुमसे कह नही पाती हूँ...

फिर बार बार पढ़ती हूँ

न जाने कैसे तुम्हारी कोई प्यारी सी याद

मन को हौले से गुदगुदाती हैं....

और सब कुछ भूलकर

मैं पल-भर में मुस्करा देती हूँ.....

* * * * * * * * * * * * *

मराठी

* * * * * * * * * * * * *

7. [तुला जपणार आहे...]

* * * * * * * * * * * * * * * *

तुला जपणार आहे

माझ्या हृदयात....

पापणी आड दडलेल्या नयनांत..

तुझ्याच आठवांत....

माझ्याच स्वप्नात.......

तुला जपणार आहे

प्रत्येक श्वासात....

प्रत्येक शब्दात...

निशब्द शांत मनात...

आदि आणि अंतात.....

तुला जपणार आहे

माझ्या पूर्ण अस्तित्वात.............

* * * * * * * * * * *

8.[प्रिया]

* * * * * * * * *

का वेडी हुरहूर लागे

का जीवात काहूर माजे

का उगा हे मन तळमळे

का डोळ्यांत पाणी तरारे..

काय म्हणू हे मजला न कळे

आठवांचे साचले तळे

अविरत वाट पाहता वेडे

क्षण क्षण मज काळ भासे

ती सुंदर छबी पाहण्याची आस लागे

तव गोड गूज ऐकण्या तहानले

मधाळ नजर ती गुपित सांगे

घायाळ मी ..तनमन लाजे

सत्वर येई प्रियवर

डोळे भरून पाहीन घडी भर

नजरेनेच बोल तुझिया

प्रीती तुझ्यावरीच सखया मी तुझीच रे........

तुझीच रे प्रिया.......

* * * * * * * * * * * * * *

9.[माझी माय मराठी]

* * * * * * * * * * * * * * * * * * *

माझी माय मराठी

माझी माय मराठी

सह्याद्री चा रांगडा बाणा

शिवबा मावळ्याचा ताठ कणा

कोकण चा ठाम खरेपणा विदर्भ वेगळाच रंग जाणा

जसे मोती एकाच धाग्यासाठी माझी माय मराठी....

किती गुणवान लेकरे माझ्या माय मराठीची

शृंगारिले प्रगल्भले तिला सहज सुंदर रचनांनी

आयुष्य वेचले मायेच्या मायेसाठी माझी माय मराठी...

अभिमान माझ्या मराठी चा

स्वाभिमान ती साऱ्यांचा भाग्यशाली या जन्माचा

चेतला वसा तिच्या रक्षणाचा

समृध्द संपन्न करण्यासाठी माझी माय मराठी..

माझी माय मराठी.....

* * * * * * * * * * * * * * * *

English

* * * * * * * * * * * * * *

10. [I Found Life]

* * * * * * * * * * * *

In every drop of rain ,

That touches the soil

In every blooming bud ,

That freely gives It's fragrance

In every smiling kid ,

That makes the mom the happiest..

In every passing breeze ,

That makes u fresh...

Joy in every small little thing ,

That is happening around you...

It's just YOU only

YOU should have that view ....

To see the Beautiful Life.....

11. [My Love]

* * * * * * * * * * * * * * * *

When I feel lonely ,

In the darkest night...

Only your love in my heart

Shines intense & bright....

It gives me peace

It makes me complete...

Sweet memories of you..

My Love...................

You are my SunShine

Sparkle in my eyes.....right??

19. श्री सुधीर कुमार पंडा - संबलपुरी

नाम: सुधीर पंडा।

ସୁଧୀର କୁମାର ପଣ୍ଡା, ଜନ୍ମ- ୦୫ ସେପ୍ଟେମ୍ବର ୧୯୫୯, ବରଗଡ଼
ଜିଲ୍ଲା,   ପଦ୍ମପୁର, ପ୍ରତିରକ୍ଷା ନୌସେନା ବାହିନୀରେ ୧୯୭୮ରେ

ଯୋଗଦାନ, ୨୦୦୬ରେ ନୌସେନାରୁ ଅବସର ଗ୍ରହଣ। ଅବସର ପରେ ସାହିତ୍ୟ ସାଧନାରେ ବ୍ୟସ୍ତ। ଓଡ଼ିଆ ତଥା ସମ୍ବଲପୁରୀ ରଚନା ମଧରୁ ଗୋମାତାର ଉକ୍ତି, ସମୟ ଓ ମଣିଷ, ମହାପ୍ରୟାଣ, ମୂରୁଖ୍ ବାପର ପଢ଼ାପିଲା, ବହର୍ ହାତୁଁ ଚାହାକପେ ଆଦି କୁନୀକାବ୍ୟ ବେଶ୍ ପ୍ରଶଂସା ଲାଭ କରିଛି। ନିୟମିତଭାବେ ତାଙ୍କ ରଚନାମାନେ ଓଡ଼ିଶା ଫାଇଲ୍, ବେଦାନ୍ତୀ, ସୂର୍ଯ୍ୟୋଦୟ ତଥା ସିରୁଜିନା ପତ୍ରିକାରେ ଦେଖିବାକୁ ମିଳିଥାଏ। ଅନେକ ସାହିତ୍ୟ ସଂସ୍ଥାରୁ ମାନପତ୍ର ମିଳିଛି। ଓଡ଼ିଶାର କିମ୍ୱଦନ୍ତୀ ତଥା ଇତିହାସକୁ ନେଇ ନାଟକ ଗୁଡ଼ିକ ରଚନା ଏବଂ ଅଭିନୟ କରିବାରେ ବେଶ୍ ରୁଚି ରଖନ୍ତି। ନିବାସ - ନୂଆଁ ମୁମ୍ୱାଇ, ପନଭେଲ।

भाषा - संबलपुरी

ମୁନୁଷ ଜଁତୁ
* * * * * * * * * * *

ସବୁ ଜଁତୁ ପୋଷ୍ ମାନ୍‌ସନ୍ ସମ୍‌କର୍ ଲମ୍ ଲମ୍ ଲେଂଜ୍
ଇଦୁଇଟା ଜଁତୁ ପୋଷ୍ ନିମାନ୍‌ନ୍ ମୁନୁଷ ଆଉର୍ ବେଙ୍କ ।୧

ବୁଢ଼ାମାନେ କହୁଥିଲେ ଇକଥାକେ ବୁଝି ବିଚାରି କରି
ଅସାର୍ କାମ୍‌ଥୁଁ ତାକର୍ ସମେନ ନାଇଁଥାଇଁ ବାହାଦୁରି ।୨

ଘଏତା ମାଏପୋ ଗୁତେ ଛାଏନେ ଶୁଉଥିବେ ଗୁତେ ଖଟେଁ
ସକାଲ୍ ପାଏଲେଁ ମୁହୁଁ ଧୁନ୍‌ରେଇ ଖସକୁ ଥିବେ ଉଁଖାବାଟେଁ ।୩

ଦୁଇଟା ଜାଙ୍ଗଲ୍ ଗୁତେ ଜୀବନ୍ ଇଟାକେ କହେସନ୍ ସଁସାର

ସଜ୍ ଦେଖ୍ ହୃଦେ ଘଏତା କର କେନୁ ଶିଖ୍ଲ ଇ ବେଭାର୍ ।୪

ବଡ଼ା ରେଖ଼ାଧୁନ୍ଦା ହେସନ୍ ଲୁକେ ଭାବି ଇ ଜୁନ୍ହାଁ କଥା
ତାକର୍ ସାଙ୍ଗେ କଟିହେବକେଁ ଛୁଛ଼ାଥୁ କାଏଁଯେ ହେବ ଅଥା ।୫

ବାକି ଜଁତୁ ଭୁଖେଁ ଥ୍ଲେଁ ମିଲିଗଲା ବଏଲେଁ ତାକୁଁ ଖାନା
ଗେଫ୍ଲେଁ ବୁପ୍ରେ ଫୁକ୍ରେଇ ଶୁଇସନ୍ ନିହୁଅନ୍ ତନାଘନା ।୬

ମୁନୁଷର୍ ଯଦି ପେଟ୍ପୁରିଗଲେଁ କର୍ସି ତେହେରୁଁ ବଇମାନି
ବନ୍ଏ କାମେ ତାର୍ ମନ୍ ନିଲାଗେ କରୁଥୃସି ମନ୍ ମାନି ।୭

ଦୁସ୍ରା ଲୁକର୍ ଚୁପ୍ରା କୁଟ୍ବା କଥାକେ ଇଁଚରେଇ କରି
ତାହାକେ ତାର୍ କଥା ବୁଝ଼ାଲେଁ ଭିଲ୍ ନିପାରେ ଆଉର୍ ଜିରି ।୮

ତାହାକେ ଯଦି ସଁସେ କର୍ଲେଁ କହେବା ଡରୁଛନ୍ ଲୁକେ
ମନ୍ ବନେଥୃଲେ ବୁତଲ୍ ପଏଟିଧରି ମାରୁଥୃବା ଛାକେଛାକେ ।୯

ଢେଁକ୍ଲି ଦେଲେଁ ନିଜେନିଜ୍କେ ଗଖା ମାହାପୁରୁ ଭାବ୍ସି
ଇଚିପୋ କେଭେଁ ମାହାପୁରୁ ହେବାକେଁ ତୁର୍ଟି ପରାନ୍ ଗୁଆଁସି ।୧୦

* * * * * * * * * * * * * * *

हिंदी अनुवाद
* * * * * * * * * * * * * * *

पचास साल पहले गाँव का सबेरा, मै साठ की उम्र पार कर चुका हूँ,
अभी पचास साल पहले का सबेरा याद आ रहा है।
उस समय बिना बोले हर काम हो जाता था।

लेकिन आज मोबाइल फोन सभी को व्यस्त कर डाला।

सभी एकाएक महा आलसी बन गये हैं।

फोन पकड़ के सारी रात सो नहीं पाते हैं।

माँ -बाप से वार्तालाप करने की   फुरसत् नहीं किसी को।1.

पहले एलार्म घड़ी और मोबाइल फोन एक सपना सा था।

सबेरे मुर्गा जब कुकड़ू कूँ का बांग देता तो सबकी नींद खुल जाती थी। आदिवासी बुढ़ा

बांस कि तुरही में कौन सी रागिनी फूँकता था

ये सिर्फ उसे पता होता। लेकिन सभी सुनते ही खाट छोड़ देते थे।

चूड़ा कूटने वाला भुतलू धीबर के ढेंकी(पत्थर का उपकरण) की आवाज सभी सुनते थे।

सबसे पहले एक टोकरी चूड़ा मंदिर मे भेजा जाता था।

भगवान प्रसाद के लिये इंतजार करते थे।2.

मणि प्रधान हल चलाने के लिए एक जोड़ी काले बैल के

साथ हल कंधे में डाल के खेत की ओर निकल पड़ता था।

यदि कोई बैल इधर -उधर भागता तो हलवाहा बोलता ....

ससूरा का बच्चा बदमाशी करता है।

मणि प्रधान मरते दम तक कुआँरा रह गया।3.

हमारे दादाजी सबेरे नित्यकर्म समापन करके

एक छड़ी.ले कर हमारे ऊपर चिल्लाते थे।

उनकी आवाज सुनते ही हम फटाफट खाट छोड़कर दातुन पकड़

तालाब की ओर निकल पड़त, नित्यकर्म समापन करके घर वापस आते थे।4.

हमलोग देहाती जमाने के बच्चे और आधुनिक जमाने के बूढ़े हैं।

बीता पल कभी वापस नहीं आता ।

हरकामके लिये मशीन के ऊपर निर्भर हैं ।

आज की पीढ़ी विगत से सीख नहीं लेती।

खेत का उपजा हुआ बैंगन हमने खाया है।

देखना बाकी है कि पोथीका बैंगन कब फलेगा

और मोबाइल पकड़ कर हम इंतजार करते रहेंगे।

20.डॉ मीरा सिंह - भोजपुरी

नाम - डॉ. मीरा सिंह रसड़ा बलिया (उ.प्र.) निवासी – मुंबई महाराष्ट्र भारत, वर्तमान- अमेरिका वाशिंगटन स्टेट, बी.ए., बी.एड., एम.ए. "समाजशास्त्र" तथा

"हिंदी", पीएच. डी. "हिंदी" "अमृतलाल नागर के उपन्यासों का समाज शास्त्रीय अध्ययन", अध्यापन- एस. आई. ई. एस. कॉलेज, 6 कृतियाँ प्रकाशित, विधा: 1बालपुस्तक,2 कविता संग्रह, 1कहानी संग्रह, उपन्यास, समीक्षा, कई राष्ट्रीय पुरस्कार व अंतर्राष्ट्रीय पुरस्कार से सम्मनित

Email) -drmirasingh55@gmail.com

भाषा: भोजपुरी

ज्योति (भोजपुरी)

* *

सूरज के जोति से, अनुपम आनंद बा

समुद्र – लहर में , उठत उमंग बा ॥

आकाश से धरती तक ,सुखद आनंद बा ।

पेड़वा अवरू पतई पर ,थिरकत किरण बा ॥

धरती पर पसरल ,अद्भुत प्रकाश बा ।

बहुरंगी धरती सजल , सूरज के राज बा ॥

कोयलिया के गीत से, जंगल गुलज़ार बा

चिड़िया सब फुदकत ,घर – घर बहार बा ॥

मंगलमय गीत से , गतिमय जहान बा ।

लुप्त भइल अँधियारा ,सुनहरा प्रकाश बा ॥

धरती चमक उठल, आभा महान बा ।

कर्मठ करमरत , जगत गतिमान बा ॥

धरा के धाम में, अंकुरित बीज बा ।

मन में उमंग बा , प्रेरणा महान बा ॥

सूरज के आभा से ,खिलत जहान बा ।

सूरज के आभा से ,खिलत जहान बा ॥

21. श्रीमती सुजाता पाल - बांग्ला

नाम :सुजाता पाल

पिता :अश्विनी कुमार पाल, माता:वासना पाल।

निवास स्थान : त्रिपुरा, कोलकाता

शिक्षा :पोस्ट ग्रेजुएट (अंग्रेजी), संप्रति : शिक्षिका

साहित्य गतिविधियाँ : तीन भाषाओं में लेखन, तीन पुस्तकें प्रकाशित। राष्ट्रीय अंतर्राष्ट्रीय संकलन, पत्रिकाओं में प्रकाशित।

सम्मान : गुजरात साहित्य एकादमी आवार्ड, लिटारोमा नारी सम्मान, सुर्योदय लिटरेरी एक्सेलेंस आवार्ड, मोस्ट ईनफ्लुयंशियाल उईमेन आवार्ड।

भाषा : बांग्ला

* * * * * * * * * * * * *

কখনও কখনও আমি ভাবি
জন্ম থেকে এখন অবধি কি কি করলাম আমি?
আমার চোখগুলো সুন্দর সুন্দর জিনিসি দেখেছে
আমার পেটে ভালো ভালো খাবারে পরিতৃপ্ত হয়েছে
মস্তিষ্ক ভালো নদিরার পরে শান্তি লাভ করেছে
আমার ও কি কি কোন কর্তব্যের মধ্যে পড়ে না কি
আমিও কিছু করি সমাজের জন্য?
আমি মুমূর্ষ কোনো রুগীকে রক্ত দান বা
চক্ষু দান করতে পারি
যদি আমার জীবদ্দশায় তেমন কিছু সম্ভব না হয়
মৃত্যুর পর ও দেহ দান অথবা চক্ষু দান করতে পারি।
তাহলে জন্ম নেয়া টা সার্থকতায় পরিগণতি হবে।
এমনকি শেষ যাত্রার পরে ও
আত্মা চিরি শান্তি লাভ করবে।

অনুবাদ

* * * * * * *

कभी-कभी

* * * * * * * * * * *

कभी-कभी हम सोचते हैं

कि जन्म से आज तक

क्या किया है हमने ?

मेरी आँखों ने अच्छी अच्छी चीजें देखी है

मेरे पेट को सन्तुष्टि मिली है

अच्छे खाने के द्वारा

मस्तिष्क को शांति मिली है

अच्छी नींद के बाद पर हमने

क्या किया समाज के लिए

जो बहुत बीमार है

जो खून के लिए तरस रहा है

या फिर कोई आँख से

देख नहीं पा रहा है

तो उन्हें खून और आँखें दान कर सकते हैं।

यदि हम अपनी जिंदगी में

कुछ नहीं कर सकते

तो मरने के बाद भी

किसी का जरूरत बन सकते हैं

ये एक सोभाग्य है और सार्थकता भी।

22. आ सुमिता प्रवीण केशवा - उत्तराखण्डी

सुमीता प्रवीण केशवा।

लेखिका, राष्ट्रीय कवयित्री, लालकिला मंच सहित कई टीवी चैनलो, रेडियो पर प्रस्तुति, कई पत्रिकाओं में प्रकाशित। तीन किताबें प्रकाशित, काव्य संग्रह "चाय की चुस्कियो में तुम" के लिये माननीय प्रधानमंत्री मोदी जी से शुभकामना पत्र। महाराष्ट्र

कक्षा नवीं हिंदी में और जर्मन लैंग्वेज में जर्मनी में कन्या भ्रूणहत्या कविता पुस्तक में शामिल। कविता 'सेव रिवर' डॉक्यूमेंट्री फ़िल्म में शामिल जो गिनीज बुक में दर्ज है। राष्ट्रीय व अंतरराष्ट्रीय सहित कई सम्मानों से सम्मानित। हैप्पीनेस क्लास भी पढा रही हैं।

भाषा : उत्तराखंडि

* * * * * * * * * * * * * * * * *

1. चेली..

झन आये चेली मैत झन आये..

वैं रये..अपण सौरास सासूक

गाय लै खै लिये

सौराक गाय ले खै ल्हिये

खबरदार चेली,

झन आये मैत गाय खै लेली,

तो रवाट ल्है खै लेली यां

पहाड़ में कहैं रवाट

भूखी जाली मैत बेट

झन करिये ज़िद हां,

तू मैत उणैं लीजी नहा अब

पैली जस मैत चेली

सुख गईं पहाड़नक छैत

सुख गईं खेत पात न रै गईं

अब हरी भरी जंगल

को जाणुं पोथा.... कैल चुरा हाली

हमार हरी भरी बण...

न हुन अब पैली जस जंगलन में काफ़ल,

किल्मोड़ा,हिसालु

न हु अब धिनाल ले

गौ-बाछ सब बग गईं,

तोर ताल ग्ध्यार में न हुन

अब मादिरो भात ले

मैट ले पाथर है

गै पाथर में कसगे उंगूं धान...

कहैं अब घर में द्वि दाण अनाजक ले

खाल बखार लै,

ठाड़ आगास लाग रईं....

कि कूं चेली अब त्वे हाथी

अब तो ब्वारी लै पैल जस नी रै रई

एक गास रवाट लिजी लै,

वीक मुख चै रुनू..

त्येर खाल भान में अपण मर्जील

कै नी परस सकनूं चेली

त्यर हिस- बान अब यो घर में

खतम हैगो चेली

भूखी रौली.... भूखी जाली

झन आये चेली...झन आये

अब तू मैत झन आये

23. आद देवी नागरानी - सिन्धी

नाम: देवी नागरानी

जन्म: 1941 कराची, सिंध (तब भारत), 12 ग़ज़ल-व काव्य-   संग्रह, 10कहानी संग्रह, 2 भजन-संग्रह, 14 सिंधी से हिंदी अनुदित कहानी-संग्रह प्रकाशित। सिंधी, हिन्दी, तथा अंग्रेज़ी में समान अधिकार लेखन व परस्पर अनुवाद। श्री मोदी के काव्य संग्रह, चौथी कूट- साहित्य अकादमी प्रकाशन, अत्तिया दाऊद, व् रूमी का सिंधी अनुवाद. कई देशो और राज्यो के संस्थाओ से सम्मानित व पुरस्कृत.

भाषा: सिंधी

* * * * * * * * * * *

सिन्ध जी आंउ जाई आहिया

* *

सिन्धी मुंहिजी बोली आहे

सिन्ध जी आंउ जाई आहियां।

लोली माउ डिनी जा मूंखे

वर वर जेकर वेठी गायां ।

सिन्ध जी आंउ जाई आहियां।

शाद रहीं आबाद रहीं शल

मुंहिजी सुहिणी सिन्ध सभागी

तुंहिंजे दुख में दुखी रहां मां

तुंहिजी मुंहिजी ज़िंदुड़ी सागी

तुंहिंजे सुख में सुखी रहां मां

तुंहिजो सुख दुख पंहिजो भायां

सिन्ध जी आंSउ जाई आंहियां ।

चवां फखुर सां सिन्धी आंहियां

सिन्धी आहे मुंहिजी बोली

खणी हंज में माउ डिनी हुई

जंहि बोलीअ में मिठिड़ी लोली

लिखां पढ़ां सिन्धीअ में ई मां

सभ सां सिन्धीअ में गाल्हायां

सिन्ध जी आंउ जाई आंहियां ।

सिंधी गुलशन जो गुलु आंहियां

जग अंदर खुशबू फहिलायां

गुण गाए तुंहिजा ओ सिन्धुड़ी

हर कंहि खे मां मीतु बणायांसडु करे संकट में 'देवी'

उन जो सिक मां सडु ऊनायां ।

सिन्ध जी आंउ जाई आंहियां ।

24.श्री चंद्रमोहन किस्कू - संथाली

चंद्रमोहन किस्कू

जन्म-22.02.1982, शिक्षा- स्नातक

माता- बिमला किस्कू , पिता- बोरेन्द्र नाथ किस्कू

संताली और हिंदी पत्रिकाओ पत्रिकाओं में कवितायेँ प्रकाशित, संताली में 2 पुस्तकें एबं हिंदी में 4 पुस्तकें प्रकाशित, हिंदी, संताली और बांग्ला में कई रचनाएँ अनुदित किया है। कई सम्मानो से सम्मानित।

भाषा: संथाली

अब भी

श्रेष्ठ होने की चाहत

और बुद्धि के बल पर

मानव अपनी जीवन शैली

बहुत परिवर्त किया है

अब गाँव में

बिजली पहुंच गई हैं

मोबाइल सब कोई

व्यावहार कर रहे हैं

आखड़ा की बैठक

अब खत्म हो गया है

टेलिविजन की कर्यक्रम में ही

लोग मस्त है

कम्प्यूटर और इन्टरनेट की शक्ति से

अब दुनिया की खबर

पल में मिल रही है

पुरी दुनिया एक छोटा सा

गाँव में बदल गई है

लोगों के दिल से छुआ -छूत,

जात -पात का विचार खत्म हो गया है.

नारी अब रसोईघर के भूगोल से

बाहर निकल रही है

पर अब भी

कुछ छोटा सोचनेवाले

नारी की युवा देह पर

शासन करना चाहते हैं

अकेली अबला को

जमीन -जयदाद से

बेदखल कर रहे हैं

उन्हें डायन कहकर

जिन्दा जला रहे है.

25.श्रीमती लता तेजेश्वर रेणुका - हिंदी, ओड़िआ, तेलुगु, अंग्रेजी

नाम- श्रीमती लता तेजेश्वर 'रेणुका'

भाषा: तेलुगु, ओड़िया अंग्रेजी व हिंदी, जन्म - 28.03. स्थान- परलाखेमुंडी,ओडिशा, निवास - नवी मुंबई, 4भाषाओं में सृजन, 6संकलनों में

रचनाएँ और 7 पुस्तकें प्रकाशित। एक काव्यसंकलन का संपादन, 30 विख्यात पत्रिकाओं, अखबारों, ब्लॉग व वेबसाइटो में प्रकाशित। प्रसारित: आकशवाणी, राजस्थान रेडियो, खुद के यू ट्यूब पर प्रसारित। प्रमुख सम्मान प्राप्त: 2 राष्ट्रीय सम्मान, और रीडर्स चॉइस अवार्ड सहित 12 सम्मानो से सम्मनित। राष्ट्रीय और अन्तरस्ट्रीय सम्मेलनों में भागीदारी और यात्राएँ।

संस्थापक व अध्यक्षा: 'विविध भारतीय भाषा संस्कृति संगम'

भाषा : हिंदी, ओड़िआ, तेलुगु, अंग्रेजी

* * * * * * * * * * * * * * * * *

1.मेरा सपना बड़ा हो रहा

* * * * * * * * * * * * * * * * * *

एक सपना देखा था मैने बचपन में

एक अखंड भारत का

मानवता और जुड़ाव का

उम्र बढ़ती गयी और

मेरे सपने बिखरने लगे

बँटने लगे भाषा संस्कृति,

जाती और धर्म विशेष में

कोई कहता मेरा धर्म बड़ा है

कोई कहता मेरी जाती ऊँची है

कोई अपनी भाषा से बँटा,

कोई अपने संस्कृति से

तब एहसास हुआ भारत एक नहीं,

एक में अनेक है।

मुझे अनेकता में भी एकता चाहिए

मुझे एक अखंड भारत चाहिए।

मन में आया

सभी जाती धर्म भाषाओं को

एक कर दूँ जैसे

एक चक्र के अलग-अलग साँचे में

अलग-अलग रंगो को

डालकर घुमा दिया जाए तो

सफेद रंग का आभास होता है

वैसे ही सभी धर्म, भाषा, जाती को

एक चक्र के साँचे में

भर कर घुमा दिया जाए,

जिससे मानवता का रंग प्रस्फुटित होगा।

अगर वह चक्र मुझे बनना है

तो मुझे मंजूर है, जिसमें से एक ही

धर्म जाती और संस्कृति उभर आएगा

और वह होगा मेरा अखण्ड भारत,

मुझे उस अखंड भारत की प्रतीक्षा है।

* * * * * * * * * * * * * *

2. दो क्षणिकाएँ

* * * * * * * * * * * * *

कोयल कूकती रही

बगिया महकता रहा

फूल खिले मझधार में

नदी मचलती रही।

बूँदे गिरे अम्बर से

बादल पिघलती रही।

हवाओं ने परदा गिराया
लहरों का कद बढ़ता रहा।
* *

3. फागुन
* *

आम के बौरे की मनमोह लेती सुगंध
हवा में मिलकर दूर तक महकती रही
कूकती हुई कोयल की मीठी धुन
कानों में मेरे मिश्री घोलती रही
बागबानी में झरे सरसों के पीले फूल
रास्ते भर मेरे पग को चूमते रहे
बसंत के आगमन से प्रकृति धरा पर
धूप की हल्की सी किरण बिखेरती रही।

(ओड़िआ)
* * * * * * * * * * * * *

1. ବାପାଙ୍କ ର ମନ
* * * * * * * * * * * * *

ସୂର୍ଯ୍ୟାସ୍ତର ପୂର୍ବ ସନ୍ଧ୍ୟାର ଛାୟା ତଳେ
ସାମାନ୍ୟ ମଣିଷ,
ଢ଼ିଲା ପଡ଼ିଲା ଶରୀର,
ବୃଦ୍ଧ କାୟା ନେଇ
ହାଥରେ କାଠର ସାହାରା,

ବୁଝି ଯାଉଥିଲା ଜୀବନର
ଦୀପକ ତଳର ଅନ୍ଧକାରରେ,
ଆଲୋକର ଏକ ଅଶାର କିରଣ
ନେଇ ଚାଲି ଆସୁଛି।
ହାଡ଼ ଦେହରେ ମାଂସର କୋଇ ଚିନ୍ନ ନାହିଁ,
ଅଣ୍ଟାରେ ଗୋଟାଏ ଗାମୁଛା ମାତ୍ର
ନିସ୍ତେଜ ଆଖିରେ ପୁଅର ରାସ୍ତା ଦେଖୁଛି।
ଭାବୁଛି, ପୁଅ ଆସିବ,
ମାଥାଟି ଖଟିଆରେ ପଡ଼ିଛି
ଆଖିରେ ତାର ଆଶା ବାନ୍ଧିଛି
ଆଖି ମୁଦିଲା ପୂର୍ବରୁ ପୁଅ ଆସିଯାଏ,
ତାର ହାତର ପାଣି ପିଇକରି ତରିଯିବି, କିନ୍ତୁ
ସୁଖା କଙ୍କର ରାସ୍ତା ରେ
ବାହାନର କୋଇ ଶବ୍ଦ ନାହିଁ,
ଅନ୍ଧାର ଗାଢ଼ ହେଉଛି,
ଅମାବାସ୍ୟା ଘେରୁ ଅଛି
ଆସନ୍ତା ଦିନର ସୂର୍ଯ୍ୟ ଉଦୟ ପାଇଁ।

2. ଜୀବନର ଗଣିତ

* * * * * * * * * * * * * * *

ଜୀବନକୁ 4ରେ ଭାଗ କରିଲେ
ବଣ୍ଟିଯିବ ବାଲ୍ୟ, ଯୌବନ
ପୌରୁଷ ଆଉ ବୃଦ୍ଧକ୍ଷଣ।
ପ୍ରଥମ ଆଉ ଦୁତୀୟକୁ ମିସାଇଲେ
ଅଧା ଜୀବନ ସରିଯିବ ଖେଳକୁଦରେ

ଜ୍ଞାନାର୍ଜନ ଆଉ ଗଣିତ ଶିଖିବାରେ
ତୃତୀୟଟିରେ ଗୁଣୀ ହୋଇଯିବ
ଘର, ସଂସାରର ଜଞ୍ଜାଳ
ଚତୁର୍ଥରୁ ତିନିଟାକୁ ଫେଡ଼ିଦେଲେ
ଅନୁଭବ ରହିବ ଜୀବନଟିର ।

ବୃଦ୍ଧ ଯେବେ ହୋଇଯିବା
ପୁଣିଥରେ ଆସିବ ପିଲାଦିନ
ଶୟ୍ୟାରେ ମଳ, ମୂତ୍ର ବିସର୍ଜନ
ସ୍ୱାସ୍ଥ୍ୟ ପ୍ରତି ଜାଗୃତ ହୋଇବ,
ନିୟମ ଏଇଟା ସୃଷ୍ଟିର ।

ଧନୀ ହେଉ ଅଥବା ଗରିବ
କାଟିପାରିବେନି କିଏ ମଧ ଏଇ ନିୟମ
ପିଲାମାନେ ଯତ୍ନ ନେଇ
କିଛି ସମୟ ଦେଲେ
କଟିବ ଦିନ ତାଙ୍କର ଖୁସିରେ
ଦୁଃଖ କଷ୍ଟ ନ ହୋଇବ ଚିର ।

୩. ଜୀବନ ସଙ୍ଗିନୀ

* * * * * * * * * * * * * *

ଜୀବନର କଷ୍ଟ ଘଡି ମାନଙ୍କରେ ସାଥେ ରହି
ମୋର ଜୀବନକୁ ଏକ କୋଳକୁ ଲଗେଇଲ
ମୋର ଜୀବନ ସଙ୍ଗିନୀ
ତୁମେ ମୋର ଜୀବନ ହୋଇଲ ।
କଷ୍ଟ ସୁଖରେ ମୋତେ ସମ୍ଭାଳିଲ
ଘର ସଂସାର ପିଲାଙ୍କ ସଂଗେ
ପରିବାର ଦେଲ

କେମିତି ତୁମକୁ ଧନ୍ୟବାଦ କରିବି ଏବେତ କହିବ ।
ମୋର ଜୀବନଟିର ନାଆ ଟିକୁ
ନଦୀର କୋଳରେ ଲଗାଇଲ,
ହେ ମୋର ଜୀବନ ସଙ୍ଗିନୀ
ତୁମେ ମୋର ଜୀବନ ହୋଇଲ ।
ଚାଲ ଚାଲିବା ଏଇ ରାସ୍ତା, ଡଗର ସଂଗେ ସଂଗେ
ହାଥରେ ହାଥ ଧରି ସମୁଦ୍ର ବାଲିର ଗାମୁଛାରେ
ସେଇ ଚନ୍ଦ୍ର, ତାରା ବାଦଲରେ ଘର ବସେଇବା
ତୁମବିନା ଜୀବନରେ
ଏକ ପାଦ ଚାଲିବା ଅସହ୍ୟ ହେବ
ହେ ମୋର ଜୀବନ ସଙ୍ଗିନୀ
ତୁମେ ମୋର ଜୀବନ ହୋଇଲ ।

4. ପ୍ରେମ ର ପକ୍ଷୀ

* * * * * * * * * * * * * *

ଆଖିର କୋଣରେ ପ୍ରେମର ଝଲକ
ଦେଖି ହୋଇ ଯାଉଛି ହୃଦୟ ଆତୁର
ନ ଦେଖ ଏମିତି ମୋତେ ହୃଦୟର ରାଣୀ
ମନ ଭିତରେ ଉଠୁଛି କୋଟି-କୋଟି ଲହର ।
ତୁମର ସାଥ ପାଇ ହୋଇଲି ମୁଁ ଉଦ୍ଧାର
ତୁମେ ହୋଇଲ ମୋର ଜୀବନ ଆଉ ସଂସାର
ସବୁ କିଛି ଭୁଲି ହୋଇ ଗଲି ମୁଁ ତୁମର ।
ପ୍ରଥମ ନଜରରେ ଦେଖି ଭଲପାଇଲି
ଯେବେ ଦେଖିଲ ତମେ ଆଖିକୋଣରେ
ସାତଜନ୍ମ ପର୍ଯ୍ୟନ୍ତ ସାଥେ ରହିବ ତମେ
ଯେତେ ପର୍ଯ୍ୟନ୍ତ ମୁଁ ରହିବ ସୂର୍ଯ୍ୟ ଚାନ୍ଦ

ତେବେ ପର୍ଯ୍ୟନ୍ତ ହୋଇ ରହିବି ତୁମର ।

5.ସଂକ୍ରାନ୍ତି ଆସିଲା

* * * * * * * * * * * * * * * * * *

ମକର ସଂକ୍ରାନ୍ତି ର ଶୁଭଦିନ ଆସିଲା
ଉଠ ପ୍ରିୟେ ଦେଖ ସକାଲ ହୋଇଲା ।
ଦିନର ଶୁଭଘଡି ରେ ଆମେ
ପୀଠା, ମଣ୍ଡା ଖାଇ ଝୁଲାଝୁଲିବା
ଆସ ସଙ୍ଗାତ ଆମେ ସଂକ୍ରାନ୍ତିକରିବା
ଅଗଣାରେ ଝୋଟି ଦେଇ ଫୁଲ ପତ୍ର ରେ ସଜେଇବା
ନୂଆ ବସ୍ତ୍ର ପିନ୍ଧି ଗାଇବା ନାଚିବା
ଆସ ସଖୀ ଦେଖ ସକାଲ ହୋଇଲା ।
ବାପା ମାଆ, ମଉସା ମାଉସୀଙ୍କର
ପାଦ ଛୁଇଁ ଆଶୀର୍ବାଦ ନେଇବା
ଆସ ଭାଇ, ଭାଉଜ, ଭଉଣୀ
ସାଙ୍ଗହୋଇ ସମସ୍ତଙ୍କୁ ଶୁଭକାମନା ଦେବା
ଆସ ପ୍ରିୟେ ଏକ ହୋଇ ସଂକ୍ରାନ୍ତି କରିବା ।

* * * * * * * * * * *

Telugu

* * * * * * * * * *

1.సంగీతం సమతలకు ఠీకీకలనీన్ఠంఢ,

* *

ఠనను కవీఠలెన్ఠ
ఎఠీగింఢను చెఠుఢీఎలెన్ఠ

వారనిన న వారతి ఒకక కవిత
దీపపు వెలుతురులో సంగీతంగ మరి
న మటలకు రెక్కలనిచిందీ.
ఆ చల్లని సంగీతం రగముతో కలిని
సెలయేటి కెరటలై గలగల మంటూ
కెత్త రగలని ఆలవించగ,
ఆ రగలుకెండకెనల్లో
మరు-మ్రోగుతూ సగుండ లేతుల్లో
సటుకు పోయింది.
ఆ కవితలు ఒక్కనరిగ
మిణుగు పురుగుల వల్లే
సట్యమడుతూ
నన్ను గిలిగింతలు పెట్టయి.
న మటలకు రెక్కలెచ్చి
ఈభూమండలం పరిక్రమం చేస్తూ
న గుండెల్లో రగలను ఆలవించింది.
సంగీతం న మటలకు రెక్కలిచింది.

2.ఒక సంధ్యయ

* * * * * * * * * * * * * * * *

దూరంగ సముద్ర తీరన
తెల్లని పొంగుతో కూడిన నీటి బుడగల మధ్యయ
ఊగిసలడుతున్న ఓ వంటరి సవ,
సింగి, సేల ఒకటిగ మరిన
ఆ సముద్రపటంచుల్లోన

బంగారు రంగు కిరణాలలో తేలియడుతూ
సూర్యుడికి అరతి పడుతుంది.
అదే సంధ్య సమయమున
చీకటి, వెలుతురు ఒకరిని ఒకరు
పెనవేసుకున్న తరుణంలో
చందమామ పై పై కి లేస్తూ
అలని నెలని ఉన్న సూర్యుడని
ఆకట్టుకోవలనే ప్రయత్నంలో
ఆకాశం నుదుటి పై బొట్టు పెట్టినట్టు
రంగు రంగుల కిరణాలు వెదజల్లుతుండగ
వెన్నెల తన అందలను వలకపోస్తూ
సముద్రపు నీటిలో జలకలడుతుంది.
ఆ చల్లని సంధ్య వడిలో
దూరంగ కొండలమధ్య
కుండలతో ఓలకబోస్తోన్నట్టునన
మబ్బుల మధ్యలో ఓ లేడీ విల్ల
ఛంగు ఛంగున ఉరకలు వేస్తూ
ఆనందంలో తేలియడుతూ
తన తల్లితో అడివిలోకి పరుగు పెట్టింది.

3. తల్ల పవురం

* * * * * * * * * * * * * *

వెన్నెల్లో మెరుస్తున్న ఓ తల్ల పవురమా
ని అందన్ని చూడ వచ్చను
ముత్యంల మెరినే ని కంటి చూపుల్లో

తళుక్కున మెరిని మయమయే
నీ తల్లి పేరెమ లోని అందనని చూడ వచ్చెను.
ఓ తల్ల పమెరమ నిన్ను చూడ వచ్చెను
దూరంగ పేదల మధ్య
కేరింతలుకొడుతున్న ఆ చిన్నరిని
తిలకిస్తున్న నీ చల్లని చూపుల్లో
నిండుకున్న ఆ అంనందని చూడ వచ్చెను
ఓ తల్ల పమెరమ నిన్ను చూడ వచ్చెను.
నీ చల్లని చూపుల మయమరుపులో
ఎగిరి నిన్ను చేరలని రెక్కలు విపివి
కేరింతలుకొడుతున్న నీ చిన్నరిని చూచి
నీ మనసు పులకించిన ఆ క్షణాన్న
నీ అందనని చూడవచ్చెను.
ఓ తల్ల పమెరమ నిన్ను చూడ వచ్చెను.
ఎగిరే తపనతో రెక్కల రెపరెపలతో
తడబడుతూ నిన్ను చేరలని
అరటపడుతున్న ఆ చిన్నరిని,
భీతిల్లిన మనసుతో
ఎగిరి అక్కున చేర్చు కున్న
నీ తల్లి మనసును చూడ వచ్చెను
ఓ తల్ల పమెరమ నిన్ను చూడ వచ్చెను.

4.కవిత
* * * * * * * * * * * * * *

తెలుగు సమ్రజ్యాన్ని ఏలే ఓ కవిత

సంకెళ్ళు తెంచుకుని బయటకు రా
చీకటి గుహలోంచి జయించుకు వస్తున్న
సూర్యుయడని, పక్షుల రాగలను వింటూ
మై మరచిన ఈ ప్రకృతి అందలను తిలకించు.
తెలుగు నమ్రరిజేయన్ని ఏలే ఓ కవిత
సంకెళ్ళు తెంచుకుని బయటకు రా...
ఓ కవిత ... సంకెళ్ళు తెంచుకుని బయటకు రా.

5.సంక్రంతి వచ్చింది

* * * * * * * * * * * * * *

సన్నయి మ్రోగింది
పండగ వచ్చింది
గుడి చెట్లు పై
కోయిల కూసింది
వసవయ్య వచ్చడు
సంతోసం తెచ్చడు
గోబిళ్ళు ముంగిటపై
ముగ్గు అందన్ని పెంచెను
పడుచువిల్లల ముచ్చట్లు
అందలు వలకబోసెను.
నేతి అప్పలు, అరిసెలు
గారెలు నోరూరించెను
సంక్రంతి ముగ్గులు
గిలిగింతలు పెట్టెను.
పండగ వచ్చెను
సంతోషలు తెచ్చెను.

* * * * * * * * * * * * * *

English

* * * * * * * * *

1.Colour of joy

* * * * * * * * * * * * * * * * * *

One day I Walked into the sky

To touch the colors

That spreads throughout the blue heaven

Some colors I add

That made a sense of rainbow.

I pondered unintentionally

Looking into the sky

The sun gave me red and yellow

The moon gave me silver

Bees collected green, orange

And violate from the flowers,

Stars theft Indigo from clouds

Butterfly sucks pink from color of love.

It's really amazing to look into the sky

I flew into the colors and

Mix them all-together

And made a color of joy.

I fill them in the nature

And blew them into the air.

Colors speard in the sky.

Have you been there

To see the color of joy.

Colors
* * * * * * * *

When I saw you

I felt colors of love

Which is so bright.

The colors glitters in my eye

As I have seen in a butterfly,

That's goes round 'n round

Towards you,

I am letting off my mind

And thinking of u.

I surprised what I knew

Its you, who made me

Love to my life,

Because Of u...

2. You Are Not Mine

You are not mine,

I don't know

Who you are,

You came to my life

Like a gust of wind

And whistled into my ear

As I know you over a year.

I don't know, How you look like

Just I feel your presence

From the bottom of my heart.

I don't know,

If you are a dream or a sunshine

A cool moon night or

A storm that rises,

A noise in my mind

Or a sea that sets

Deep in my heart-----

Who are you?

I can't ignore your presence

But still I can't accept it as present.

But you got embedded in

My mind and my heart as

I know you very well.

I never saw you,

Never touched you

Never knew you

But I can feel you and your love.

When a cold breeze blows

To give me a goodnight's kiss,

When moon

Comes forward-

To reward me with its lights,

I ponder if that is you....?

An unknown fragrance of yours

Keeps on touching my chin

And saying, I love you dear

You are mine and I am yours.

My heart repeatedly keeps asking

The same question

Who are you----------?

I don't know you,

But still I am thinking of you...

कार्यक्रमों और योजनाएँ

पिछले 2सालों के अलग अलग समय पर कार्यक्रमों और योजनाएँ

୍ୟାଦ ମୁମ୍ବାଇରେ ବିବିଧ ଭାରତୀୟ ଭାଷାର ବାର୍ଷିକ ଉତ୍ସବ

ମୁମ୍ବାଇ : ୧୪ ନଭେମ୍ବର ୨୦୧୮ ରେ ପ୍ରତିଷ୍ଠିତ ବିବିଧ ଭାରତୀୟ ଭାଷା ସଂସ୍କୃତି ସଂଗମ ର ଅନୁଷ୍ଠାନ ୧ଣ ବର୍ଷ ରେ ପଦାର୍ପଣ କରିଛି । ୨୦୨୦ ନଭେମ୍ବର ୨୧ ରେ ଜେଭାନା ସେବୁ ସୁତ୍ର ମିଟ ରେ ନଚନ ପାରତ ରୁ ଏକ ଅନଲାଇନ ବାର୍ଷିକ ଉତ୍ସବ ପାଳନ କରାଯାଇଥିଲା ।ଯେଉଁଠିରେ ୪୦ ବୃକ୍ତିଙ୍କର ବିଭିନ୍ନ ପ୍ରଦେଶ ସହିତ ଜଡିତ ଥିଲେ । ଅନୁଷ୍ଠାନ ର ସଭାପତି ଶ୍ରୀମତୀ ଜୟା ଦେବେନ୍ଦ୍ର ସେନ୍ଗୁପ୍ତ ପ୍ରତିଭାଗୀ ଆଦରଣୀୟ ଯୋଗାସ୍ଥ ଦେବେନ୍ଦ୍ରନାଥ ଜୀ ଦ୍ୱାରା ପାଳନ ମୁମ୍ବାଦୁ ଏହି କାର୍ଯ୍ୟକ୍ରମ ଆୟୋଜନ କରିଥିଲେ । ଏହି କାର୍ଯ୍ୟକ୍ରମର ସଭାପତି ମୁଦ୍ରଣ ଜୀବନୁ ଅନୁଷ୍ଠ ପ୍ରଚନ କରି ଆଦରଣୀୟ ଡ.ରଘୁ ପ୍ରସାଦ ଶର୍ମା ,ବିଦ୍ୟୁତ ମୁଖ୍ୟ ଅତିଥି ଆଦରଣୀୟ ଡ.ସଂକାର କୁମାର,ଆଶୁତୋଷ ର ସ୍ୱଗତ ଅତିଥି ଆଦରଣୀୟ ଦେବେନ୍ଦ୍ରନାଥ ପ୍ରଦୀନ ଜଡୁ କରିଥିଲେ . ଶିଷ ସୋସାଇଟୀର ଜଣ ସଚ୍ଚତା ଦ୍ୱାରା ଏହି କାର୍ଯ୍ୟକ୍ରମ ଆଦ୍ୟ ଯୋଗାଇଲା । ମୁଖ୍ୟ ପ୍ରସାଦ ଦ୍ୱା କୀର୍ତିଭାନେଦ୍ର ପ୍ରଚାରକ ଆଦରଣୀୟ

ଡ.ସଂକାର ଜୀ,ଶ୍ରୀ ଦେବେନ୍ଦ୍ର ସେନ୍ଗୁପ୍ତ କବିତା ବାଚନ କରି ରେ ଉପାସନା ପ୍ରକାଶ ମୁଦ୍ରଣ କରିଥିଲେ । .ଡ. ସଂକାର ଜୀ ଜା ଦାଦ ମାଦ୍ୟ ସୁଦ୍ଧ କବିତା ପାଠ ମାନୟ ଭାବୁଦ୍ଧ କରିଥିଲେ । ବିବିଧ ଅତିଥି ପ୍ରଦୁଦ ଅନୁଷ୍ଠାନ ଅଧିବାଦ ଦ୍ୱାର ସଂସ୍କୃତ ଏହ ଦେବଣ୍ଡୁ ଭାଷାରେ ପାଦ୍ୟ ରଚନା ଦର୍ଶନ

କରିଥିଲେ । ଅନ୍ୟମ ଆଦରଣୀୟ ଯଶ୍ପ୍ରାଦ ଶର୍ମୀ, ସୁମ୍ନେଶ୍ଵର ଜୀ ସମୟ ପଟ୍ୱାମ କବି ଜ ଦ୍ୱାର ପଟ୍ଟୁ ର କାର୍ଯ୍ୟକ୍ରମ ପ୍ରତିବାର ବିସ୍ତ ବିସ୍ତୃତ କରିଥିଲେ । ସୋମନ ଦୟା,ମଙ୍ଗ ଏଦ ବୌଦ୍ଧିକ ମାନ୍ୟବର ବର୍ତିତାର କରି କବିତା ପାଠ କରିଥିଲେ ଅନୁଷ୍ଠାନ ସଦାପତି ଦୁତି ଦ୍ୱା ଜୀ କବିତା ମାଧ୍ୟମରେ କବିତ୍ୱ ଯେ ଦ୍ୱୁ ଏଦ

ବିବିଧ ଭାଷର ମଧୁରି । ସେ ଅନୁଷ୍ଠାନର ମୁଖ୍ୟ କାର୍ଯ୍ୟରୁ ସୁମାଇ କବିଲେକ ମାନ୍ୟବର ଯେନବର ଭାଷ ସୁମୀ ଏକ ଆଦର ବିଦ୍ୱ ଏଦ ସଂସ୍କୃତ ୟୋଗ କଦୁଦୁ ପ୍ରା ଲେକଣ ପ୍ରକାଶିକ ଦ୍ୱୀ । ଏଦିଦ ଭାଷ୍ଟ କବ୍ଦି ବିସୋଦ ମୋଦିଭୁଣ୍ଯ କର୍ଥଦ ବିଦୟୋ ପ୍ରଦାନ କରିଥିଲେ । ଦଦୁଦୁ ସମ୍ଭିନ ଦ ମୋଦ ସମୟ ମୋଦି କଦୋ ,ମୁମ୍ବ ପ୍ରସାଦ ଶର୍ଣୀ, ଜୟା ଶଦ୍ଧା ,ପାଦମୀମ ଶଦ୍ଧା ,ସଦିଭଜ ର ଦଦୟ ସଦ୍ଗୁମୀର ,ବିଶ୍ଵନ ବମୁ ଦା ଧୁଦୋବ ଦେଦଗୁଦ୍ଧୀ, ପଟ୍ୱାମ,ବାଦନ ସ୍ୱପନ ଦଦିଦ ସେନ ମିତ୍ର,ମୁମ୍ବଦୁ ଦାଦ ଦେଦ୍ବଣୀ, ସେଦ୍ଦୁଦ ଡ.ଏଦ ପ୍ରକାଶଦା ପଟ୍ୱାମ,ସେଦ୍ଦୁ ଜଣୁଦୁ ଲୁ ବିଚାରଣୀ ଦିଶା । ଅଦ୍ୟଦ ଶ୍ମ, ନଜାଦିଁ ପଟ୍ୱାମନୁ ଦୁଦ କବିଦ ଦା ବୌଦିକ ଚ ଦ ସୋମନ ଉଦ୍ଦ କୀମାବ୍ୟତ ପୁଣ୍ଦ୍ରୀ ଦିଶ ଯୋଗିନ୍ଦ ଶିଦ ସଦ୍ଗୁଦୁ ମାନ କାଯ୍ୟକ୍ରମନୁ ସାଦ ଭୋଦିତ ଅନ୍ଧ ୧୧ ଟ ଶଦ୍ଦ ଦୃବଦ୍ଧ ରେଦ୍ୱଦ ।

सीप के मोती
(संकलन)
संपादन
लता तेजेश्वर 'रेणुका'

भारतीय भाषा संस्कृति संगम द्वारा वार्षिकोत्सव आयोजित

मुम्बई, 21नवम्बर (तेज़ प्रभात ब्यूरो)।14 नवम्बर 2018 को स्थापित शविविध भारतीय भाषा संस्कृति संगम संस्था के दो साल पूरे के मौके पर शनिवार को गूगल मीट पर नवीन पनवेल से ऑनलाइन वार्षिकोत्सव मनाया गया।

इसमें अलग अलग प्रान्तों से 40 रचनाकार जुड़े। संस्था की अध्यक्ष श्रीमती लता तेजेश्वर रेणुका, संस्थापक कोड्रापल्ली तेजेश्वरराव ने नवीन पनवेल मुम्बई से कार्यक्रम का आयोजन किया। कार्यक्रम के अध्यक्ष मूलतः अंग्रेजी भाषी आद डॉ गंगा प्रसाद शर्मा, मुख्यातिथि डॉ संजीव कुमार दिल्ली से, विशेष अतिथि डॉ देवूलपल्ली पद्मजा आंध्रप्रदेश से अपनी उपस्थिति दे कर मंच का शोभा बढ़ाया। शिल्पा सोनटक्केजी ने सरस्वती वंदना कर कार्यक्रम का शुभारंभ किया। मुख्यतिथि और इंडियानेट के प्रकाशक डॉ संजीव के प्रकाशन संस्था की अध्यक्ष लता तेजेश्वर रेणुका जी का काव्यसंग्रह श्रुनो हे भानिस्योर का लोकार्पण हुआ। डॉ संजीव जी ने मी पर अपनी सुंदर कविता पढ़कर सबको भावुक कर दिया। पद्मजा जी ने संस्था को शुभकामनाएं देते हुए संस्कृत और तेलुगु में अपनी रचनाएँ सुनाई। अध्यक्ष आद डॉ गंगा प्रसाद शर्मा रूगुणशेखरश ने विस्तार से सभी बहुभाषी कवि कवयित्रियों के द्वारा प्रस्तुत रचनाओं का विश्लेषण किया। वे भी चिता और सैनिकों की कुर्बानियों को साझा करते कविताएं पढे।

संस्था की अध्यक्षा श्रीमती लता ने संस्था को संबोधित करते हुए कविता के माध्यम से कहा कि मुझे एक अखंड भारत चाहिए। वे संस्था के मुख्य कार्यों की ओर इशारा करते हुए कहा श्मातृभाषा सिर्फ भाषा नहीं वह हमारा विचार और संस्कृति हैय जो जन्म से हमारे रक्त में प्रवाहित है। भारत के कई राज्यों से जुड़े साहित्यकार सरोजा मेंटी

हरियाणा कुन्भज से, मुम्बई से प्रभा शर्मा, मैत्रेयी कांबिळा, गीता चड़नी, परणिता चड़नी, नदीन हजलपूनदीजी हरियाणा से, डॉ संजीव कुमार दिल्ली से डॉ देवूलपल्ली पद्मजा आंध्रप्रदेश से, साधना कृष्ण बिहार से, स्नेहा मिश्रा, लता तेजेश्वर रेणुकाव (संस्था आ.एस) मुम्बई से विगम चिरंजीव राव इच्छापुराम से, अश्वनी श्रुम्वीदर, पूर्णिमा पांडेय मुम्बई से, मंजुला पांडेय जी बिहार से भगवान पं का जी खारधार से काव्यसम्मेलन में भाग लेकर कार्यक्रम को सफल बनाया। 12 भाषाओं के रचनाकार उपस्थित रहे जिन्होंने अपनी मातृभाषा के प्रतिनिधित्व कर कार्यक्रम को सफल बनाया। कार्यक्रम का संचालन डॉ प्रभा शर्मा ने किया और अभिषेक श्रुम्वीदर जी ने आभार प्रकट किया।

ఆంధ్రప్రభ — సోమవారం, 13 జూలై 2020

అంతర్జాల వేదికగా అంతర్జాతీయ కవితా సమ్మేళనం

విభిన్న భాషలకు చెందిన 45 మంది కవులు

ఆకట్టుకున్న కరోనా, గోరింటాకు కవితలు

విశాఖ కల్చరల్, జూలై 12, (ప్రభన్యూస్): కరోనా వ్యాప్తి కారణంగా సాంస్కృతిక, సాహిత్య, కవితా సమ్మేళనాలకు సాహితీప్రియులు దూరమయ్యారు. అయితే అంతర్జాలం వేదికగా అత్యాధునిక సాంకేతికత అందిపుచ్చుకుంటున్న నేటి సాంకేతిక యుగంలో కొత్తగా వేదిన జూమ్ యాప్ ద్వారా ఆదివారం అంతర్జాతీయ కవితా సమ్మేళన కార్యక్రమాన్ని నిర్వహించారు. ఈ వేదికలో విశాఖ నుంచి ఆంధ్రా యూనివర్శిటీ అసిస్టెంట్ ప్రొఫెసర్‌గా పనిచేస్తున్న సాహితీ రత్న డాక్టర్ దేవులపల్లి పద్మజకు అవకాశం దక్కింది. అఖిల భారతీయ భాషా సాహిత్య సంఘం ఆధ్వర్యంలో ఏర్పాటు చేసిన కవితా సమ్మేళనంలో వివిధ రాష్ట్రాల నుంచి వివిధ భాషలకు సంబంధించిన కవుల సాహితీ సంగమం అంతర్జాల వేదికపై ఘనంగా జరిగింది. వేరు వేరు ప్రాంతాలు విభిన్న భాషా కవులు నాలుగు సంవత్సరాల నుంచి వాట్సాప్ వేదికగా నిత్యం సాహిత్యంపై చర్చగోష్ఠులు నిర్వహించినప్పటికీ ఆరుమాసాలకొకసారి వీరంతా ఒక వేదికపై కవి సమ్మేళనం నిర్వహించుకోవడం ఆనవాయితీగా వస్తూంది. పెద్ద ఎత్తున ఎటలు అధిక సంఖ్యలో సభ్యులు అలవాటుగా మారిపోయింది. కానీ కరోనా భక్షాలంలో బహిరంగంగా సభను నిర్వహించిన జూమ్ యాప్ ద్వారా అంతర్జాల వేదిక ద్వారా సాహితీ సంస్థ సభ్యులు వివిధ అంశాలపై కవితలు వినిపించారు. తెలుగు భాషలో డాక్టర్ దేవులపల్లి పద్మజ, సాహితీమూర్తులకు వందనాలు అర్పిస్తూ కవులకు వందనం అనే కవితను వినిపించి ఇతర భాషలలోని

...వులకు గౌరవ స్వాగతం పలికారు. అఖిల భారతీయ భాషా సాహిత్య సంఘం అధ్యక్షులు లతాతేజేశ్వర్ సభను ఆహ్వానం పలికారు. వర్షం, పైరు, కరోనా, గోరింటాకు, బాల్యం, వలస, సామాజికకవనం మొదలైన శీర్షికలతో 14 భాషలకు చెందిన సుమారు 45మంది కవులు ఈ కవిసమ్మేళనంలో పాల్గొన్నారు. సమీక్ష కూడా చేసి సభను విజయవంతం చేశారు. ఆ సభలో పాల్గొన్న వారి జాబితా ఈ విధమైన సంఘటిత సాహిత్యం అభినందనీయం అని డాక్టర్ దేవులపల్లి పద్మజను స్నేహితులు, ఇతరకవులు అభినందించడం విశేషం.

विविध भारतीय भाषा संस्कृति संगम की खबरें

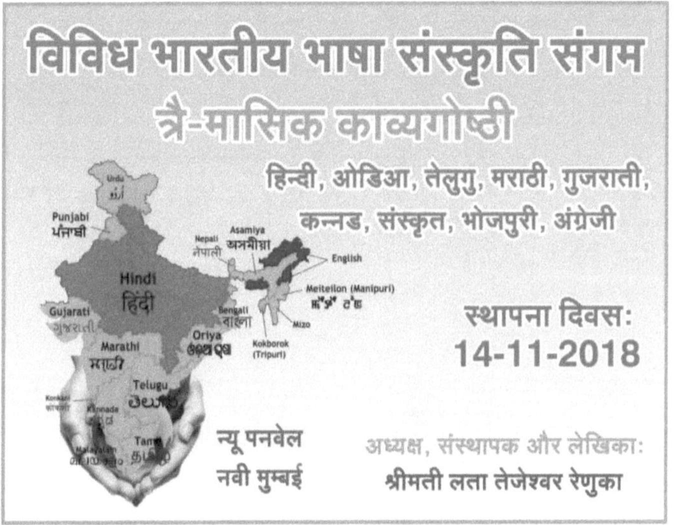

संस्थापक : श्रीमान तेजेश्वरराव, अध्यक्षा : श्रीमती लता तेजेश्वर रेणुका, उपाध्यक्ष : डॉ शिल्पा सोनटक्के, मुख्य सचिव : मैलयी कमिला, समिति सदस्य: पूर्णिमा पांडेय, श्रीराम शर्मा, नीलम सोमानी, जुवि सारिका, आभा दवे, अरुंधति महान्ति, देविका शर्मा। धन्यवाद

www.ingramcontent.com/pod-product-compliance
Lightning Source LLC
LaVergne TN
LVHW042155190726
843493LV00006B/1673